Rotfuchs

Mit Illustrationen von
Katja Schmiedeskamp

Michaela Holzinger

INSPEKTOR Möhre

Auf großer Fahrt

Rotfuchs

Originalausgabe
Erschienen bei Rotfuchs, Juni 2024

Lektorat Sophie Härtling
Einbandgestaltung Cordula Schmidt Design, Hamburg
Einbandabbildung Katja Schmiedeskamp
Innengestaltung Birgit Rohrbach
Satz aus der Thesis Serif
bei CPI books GmbH, Leck
Druck und Bindung Print Consult GmbH, München
ISBN 978-3-7571-0013-1

MIX
Papier aus verantwortungsvollen Quellen
FSC® C084279

Inhalt

PST!
Auf der vorletzten Seite
verrate ich dir meinen
streng geheimen Geheimcode
zum Mitraten.
Aber nur, weil du's bist!

Die Apfeltaldetektive, das sind:

Greta:

- liebt Ponys
- ist total hilfsbereit
- Dolmetscherin von Möhre

Wolke:

- liebt Bücher
- ist genial verträumt
- Spezialistin für Recherche

Hennes:

- liebt Sport
- ist ganz schön mutig
- Stuntman

Jasper:

- liebt Rätsel
- ist superneugierig
- Technikgenie

Möhre:

- liebt Möhren
- ist unendlich schlau
- bester Spion aller Zeiten

Im Apfeltal, wo sich alle wohlfühlen,
leider auch die Mücken

Möhre war zwar ein ziemlich kleines Pony, aber er hatte großes Glück! Er lebte nämlich am schönsten Ort der Welt: im Apfeltal bei Oma Astrid auf dem Pfannkuchenhof. Der Pfannkuchenhof war so schön, dass dort auch noch eine Menge anderer Tiere wohnten. Da gab es eine kleine Ponyherde, und es gab Möhres allerbeste Wollschweinfreunde Zicki und Zacki. Außerdem lebten dort die Katze Miss Mäusefänger, ein paar Hühner und neuerdings ein Hund namens Bruno Schokowuschel.

Das ist aber längst nicht das Spannendste, was es über Möhre zu erzählen gibt. Denn das Minipony hatte ein Geheimnis, und davon durfte niemand etwas wissen. Nur die Kinder Greta, Wolke, Hennes und Jasper waren eingeweiht, und dir darf ich das Geheimnis auch verraten!

Pst!, aufgepasst, hier kommt es: Möhre verstand die Menschensprache – er war nämlich mega-super-oberschlau!

Wenn du Möhre schon kennst, weißt du ja, warum Möhre wirklich jedes Wort verstehen und sogar lesen und rechnen konnte. Aber falls du Möhre gerade erst kennengelernt hast, erzähle ich dir jetzt, wie es dazu kam: Weil seine Weide direkt an die Grundschule grenzte, konnte Möhre jeden Tag beim Grasen in das Klassenzimmer gucken. Das, was die Lehrerin Frau Pettersen den Kindern erzählte, fand Möhre höchst interessant! Und so geschah es, dass er genau wie die Kinder in der Schule mit der Zeit das Rechnen und Lesen lernte. Ja, sogar ein bisschen Schreiben konnte er inzwischen. Aber nicht mit Stift und Papier, das wäre vielleicht doch schwierig gewesen. Sondern ganz anders, aber das erfährst du schon noch, wenn ich Möhres Geschichte gleich weitererzähle.

Vorher muss ich dir aber noch etwas Wichtiges verraten: nämlich, warum Möhres Schlauheit überhaupt so ein Geheimnis war. Weißt du, das liegt daran, dass es im Apfeltal nicht nur den Pfannkuchenhof mit den vielen Tieren gab. Sondern auch ein paar Wohnhäuser, die Schule, die Bäckerei, den Dorfladen, die Bücherei, ein kaputtes Gemeindehaus und ... ein ziemlich cooles Detektivbüro.

Das hatten Greta, Wolke und Hennes eines Tages gegründet. Und kurz darauf war auch Jasper dazugekommen. Als Apfeltaldetektive lösten sie seitdem jeden noch so kniffligen Fall. Natürlich gemeinsam mit Möhre, denn der war eine richtige Geheimwaffe! Er war besonders gut im Sammeln von Beweisen. Denn wer kam

schon auf die Idee, dass ein so winziges Pony die Menschensprache verstand?

Genau, niemand! Und deshalb musste Möhres Geheimnis auch geheim bleiben, denn wenn jeder Bescheid wüsste, würde das Spionieren ja gar nicht mehr richtig gut funktionieren.

Damit Möhre unseren vier Apfeltaldetektiven seine Beobachtungen aber auch mitteilen konnte, hatten die fünf sich dafür einen Pony-Geheimcode einfallen lassen. Denn auch wenn Möhre mega-super-oberschlau war – die Menschensprache sprechen konnte er dann doch nicht. Mit dem Geheimcode allerdings schon. Na ja, fast! Und wenn du auch in Möhres Geheimsprache eingeweiht werden möchtest, schau mal am Ende des Buches nach – dort habe ich dir Möhres Pony-Geheimcode aufgeschrieben!

An diesem sonnigen Morgen, an dem unsere Geschichte beginnt, gab es aber ausnahmsweise nichts Verdächtiges zu beobachten.

Im Apfeltal war alles so wie immer. Außer dass Greta, Wolke, Hennes und Jasper mit den anderen Kindern auf Klassenfahrt waren. Es waren ja bald Sommerferien, und mit den Einnahmen der Theateraufführung von neulich hatte Frau Pettersen ihren Minivan umbauen lassen können. So fanden endlich alle Kinder aus ihrer Klasse Platz im Bus, um gemeinsam Ausflüge unternehmen zu können. Denn auch wenn es vieles im Apfeltal gab, einen Zug, eine Straßenbahn oder so etwas, das gab es leider nicht.

Für gewöhnlich mochte Möhre es gar nicht, wenn der Unterricht ausfiel. Er ging eben gerne zur Schule. Nur heute hatte er ausnahmsweise nichts dagegen, denn auf seiner Weide neben dem Klassenzimmer brannte bereits die Sonne vom Himmel herunter. Da war es im Schatten vor dem Hof viel gemütlicher! Außerdem leistete er Oma Astrid gern Gesellschaft beim Frühstück.

Die saß an ihrem kleinen Tisch vor der Haustür, las in der Morgenzeitung und

nippte am Milchkaffee, während eine Schar Mücken sich über die letzten Krümel des Apfelkuchens auf ihrem Teller hermachte. Das schien Oma Astrid jedoch nicht groß zu stören. Sie sprühte sich immer eine ordentliche Ladung Mückenspray auf die Kleidung, wenn der Sommer ins Apfeltal kam. Und mit dem Sommer kamen leider auch die Mücken aus der Hoppeheide, die dann alle piksten, was das Zeug hielt. Schrecklich war das!

Die beiden Wollschweine Zicki und Zacki hatten mit den lästigen Beißern ebenfalls kein Problem. Sie benutzten zwar kein Mückenspray, aber dafür etwas anderes.

«Mit Dreck sind alle Mücken weg», reimte Zacki gern, wenn Möhres allerbeste Freunde aus einem ihrer Sumpflöcher hervorkrochen und Möhre vor Entsetzen über die schlammbedeckten Wollschweine die Nüstern hochzog.

«Guck nicht so», grunzte Zicki dann. «Du solltest es auch einmal ausprobieren.» Und wirklich hatten die beiden fast nie einen Mückenstich.

Möhre hatte allerdings überhaupt keine Lust darauf, auszusehen wie ein wildes Schlammmonster. Denn dann würde Greta darauf bestehen, ihn mit dem Wasserschlauch abzuspritzen, und den hasste er noch mehr als die Mücken.

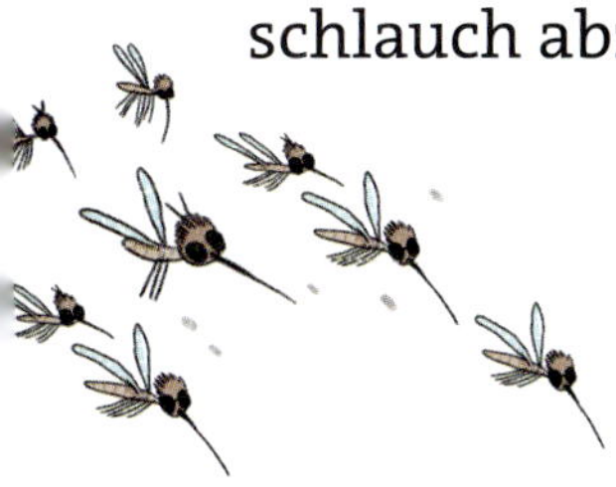

Besser war es also, einfach bei Oma Astrid zu bleiben. Im Dunst ihres Mückensprays ließ es sich ganz gut aushalten.

Die anderen Ponys hingegen hatten nicht so viel Glück wie Möhre, der Oma Astrid besuchen durfte, wann er wollte. Gerade flüchteten sie von der Koppel in den Stall. Dabei wieherte Lord Donnerheim theatralisch: «Rette sich, wer kann! Die Blutsauger sind hinter uns heeer!!!»

Möhre kicherte leise. Dem eingebildeten lackschwarzen Pony geschah das nur recht, fand er. Schließlich lachte Donni ihn ständig wegen seiner Größe aus. Denn sogar für ein Minipony war Möhre etwas klein geraten. Wenn man es genau nahm, war er nicht viel größer als ein Schaf. Aber das hatte auch seine Vorteile! Möhre überlegte gerade, ob er Donni endlich einmal unter die Nüstern reiben sollte, wie gut es doch war, so klein zu sein. Neben dem Frühstückstischchen bei Oma Astrid und ihrem Mückenspray hatte *er* schließlich locker Platz, Donni aber nicht ... Doch just in dem Augenblick japste Oma Astrid vor Begeisterung laut auf.

«Ja, sieh mal einer an!», rief sie. «Die Theateraufführung der Schulkinder wird heute in der Zeitung ganz groß angekündigt!» Sie schenkte Möhre ein Lächeln über den Zeitungsrand hinweg und las laut: «Zu Beginn der Sommerferien gibt es kommenden Freitag im Kurpark von Bad Wilbek eine wunderbare Theateraufführung zu bestaunen. Die Kinder aus dem Apfeltal führen mit ihren Ponys das Stück ‹Der unsichtbare Ritter› auf. Der Erlös kommt einem wohltätigen Zweck zugute. Für Speis und Trank sorgt das Kurhotel. Kommen Sie zahlreich! Ihr Bürgermeister.»

Obwohl Oma Astrid nichts von Möhres Geheimnis wusste, redete sie oft mit ihm. Manchmal hatte sie sogar das Gefühl, dass Möhre sie verstand, und der Gedanke gefiel ihr. Wie jetzt. Denn Oma Astrid lachte, als Möhre zur Antwort mit den Ohren wackelte.

«Ja, in drei Tagen ist es so weit», sagte sie. «Ich bin schon ganz aufgeregt. Auch wenn ich mir wegen der Kinder keine Sorgen mache. Schließlich sind sie Profis und wissen, was zu tun ist. Ich weiß allerdings nicht, wie es mit den Ponys in der Stadt gehen wird. Ich war ja noch nie mit ihnen in Bad Wilbek.»

Als Antwort stupste Möhre Oma Astrid mit den Nüstern an, doch sie guckte weiterhin besorgt. Und bald wusste er auch, wieso das so war, denn sie murmelte: «Ob wir überhaupt noch mit den Ponys durch die Hoppeheide reiten können?! Das wäre zwar der kürzeste Weg nach Bad Wilbek, aber nun ist es dieses Jahr so früh heiß geworden. Und mit der Hitze sind auch die Mücken gekommen …»

Oh, dachte Möhre, als er begriff, was Oma Astrid meinte.

Bei diesen Temperaturen würden Lord Donnerheim und die anderen Ponys tatsächlich keinen einzigen Huf in die Hoppeheide setzen. Viel zu lästig waren dann nämlich dort die Mücken. Noch viel schlimmer als hier auf dem Hof! Doch wie sollten sie sonst nach Bad Wilbek kommen?

Das schien sich auch Oma Astrid zu fragen, denn grübelnd ließ sie die Zeitung sinken.

Jetzt wurde es ganz still auf dem Hof. Zicki und Zacki lagen ja in einem ihrer Schlammlöcher. Die Ponys standen im Stall wegen der Mücken. Bruno Schokowuschel, der neue Hund, hatte sich ins Haus zurückgezogen, weil es dort am kühlsten war. Und Miss Mäusefänger, die Katze, schlich wie immer irgendwo umher. Bloß die Mücken schwirrten und summten ... Bis plötzlich lautes Gegacker die Stille zerriss.

Ja klar, dachte Möhre. Die Hühner waren auch noch da. Eines von ihnen hatte gerade in der Scheune sein morgendliches Ei gelegt, und das musste es wie immer lauthals in die Welt hinausposaunen.

«Ei-Ei-Ei, ich hab ein Ei gelegt, ist das nicht toll?!», gackerte das Huhn aufgeregt.

Die Nester der Hühner befanden sich auf einem alten Traktor, der dort im Heuschober abgestellt war und den schon lange keiner mehr brauchte.

«Ich frage mich …», murmelte Oma Astrid plötzlich und stand so abrupt auf, dass Möhre vor Schreck zusammenzuckte. Mit schnellen Schritten ging sie auf die Scheune zu. Neugierig folgte Möhre ihr. Schließlich wollte er wissen, was Oma Astrid sich gerade fragte. Als sie das

Scheunentor öffnete, ging ihm aber von selbst ein Licht auf. Oma Astrid blieb nämlich voller Begeisterung vor dem alten Traktor stehen, der da mitsamt Anhänger zwischen allerhand altem Zeug in der Scheunenecke geparkt war. Verstaubt und mit Spinnweben überzogen.

«Oma Astrid», schnaubte er. «Du hast doch

nicht etwa vor, uns mit diesem alten Ding nach Bad Wilbek zu fahren?»

Doch Oma Astrid verstand nicht, was er sagte. Stattdessen kletterte sie auf den Traktorsitz und murmelte: «Ob die gute Brummhilde noch anspringt?»

Und ehe Möhre sich in Sicherheit bringen konnte, drehte sie den Schlüssel um, und mit lautem Scheppern erwachte Brummhilde zum Leben.

Mit Brummhilde nach Bad Wilbek

und das Abenteuer beginnt

Das war vielleicht eine Aufregung in den nächsten Tagen! Nicht nur wegen der anstehenden Theateraufführung, sondern auch wegen Brummhilde!

Oma Astrid hatte nämlich tatsächlich vor, die Ponys mit dem Traktor auf dem Anhänger nach Bad Wilbek zu kutschieren. Möhre war das überhaupt nicht geheuer.

Doch als Brummhilde mithilfe der Kinder am nächsten Nachmittag abgestaubt und sauber gemacht wurde, legte sich Möhres Argwohn. Ohne die Hühnernester und Spinnweben sah der alte Traktor gar nicht mehr so klapprig aus. Außerdem kam Wolkes Papa vorbei. Er war von Beruf Mechaniker und ölte und schmierte Brummhilde an allen Stellen, wo sie es nötig hatte.

Dann war es so weit. Am Freitag, gleich nachdem die Kinder ihre Zeugnisse in Empfang genommen hatten, ging es los. Alle Kinder stiegen voller Vorfreude mit Frau Pettersen in den Bus, auch die Theatersachen fanden darin Platz.

Die Ponys hingegen sollten auf dem Anhänger mitfahren.

«Ich weiß», sagte Oma Astrid tröstend, als keines der Ponys Anstalten machte, freiwillig auf die Rampe zu klettern. «Das ist ungewöhnlich! Aber mit Sicherheit besser, als von den Mücken in der Hoppeheide gestochen zu werden.»

Da hatte Oma Astrid recht. Aber die Ponys weigerten sich dennoch. Sie verstanden ja nicht, was Oma Astrid sagte.

Möhre aber schon und daher machte er tapfer den Anfang. Ich kann dir sagen, dass ihm das Ganze nicht wirklich geheuer war, aber mit einem mutigen Minihopser sprang er auf die Rampe und stellte sich oben auf den Anhänger. Und während die anderen Ponys von unten das Geschehen misstrauisch beäugten, sagte er lässig: «Fohlenleicht!»

Das zeigte Wirkung. «Ts, was der Kleine kann, kann ich schon lange!», wieherte Lord Donnerheim. «He, laufende Möhre, geh mal zur Seite. Jetzt komme ich!»

Und schon stolzierte Donni die Rampe hoch. Nach ihm trauten sich dann auch Winnetou, Elsbeth, Rocky und die anderen.

Als jedoch Zicki und Zacki und Bruno Schokowuschel ebenso aufsteigen wollten, schüttelte Oma Astrid bedauernd den Kopf. «Tut mir leid», sagte sie und klappte die Rampe hoch. «Jemand muss auf den Hof aufpassen, während wir weg sind. Außerdem sind wir abends ja schon wieder da.»

Dann startete sie schnell Brummhilde, ehe sie es sich anders überlegte. Denn Zicki und Zacki machten ganz schön lange Wollschweingesichter, als Brummhilde ohne sie

nun tuckernd den Hof verließ. Aber nach ihren ausführlichen Schlammbädern sahen die beiden Wollschweine derzeit ja nicht wirklich stadtfein aus. Bruno Schokowuschel sollte hingegen tatsächlich auf den Hof aufpassen, er war schließlich der Hund hier.

Und dann begann das Abenteuer!

Möhre streckte die Nüstern in den Fahrtwind und genoss den Blick über die Landschaft. Herrlich, wie Felder und Wiesen vorüberzogen, ohne dass man sich dafür anstrengen musste!

Viel zu schnell für Möhres Geschmack erreichten sie Bad Wilbek, und er staunte nicht schlecht, als Oma Astrid in den Kurpark einbog.

Er hatte sich die Stadt ganz anders vorgestellt. Mit Hochhäusern und so, wie er es aus seinen Fernsehstunden mit Oma Astrid kannte. Bad Wilbek schien hingegen ein Städtchen zu sein. Mit schönen kleinen Häusern, einem etwas in die Jahre gekommenen Kurhotel und dem Park drum herum, der einem riesigen Wald glich.

Oma Astrid steuerte Brummhilde über die Spazierwege und hielt vor einer Bühne, die auf einem kleinen Platz in der Mitte des Parks aufgebaut war. Dort wartete bereits Frau Pettersen auf Oma Astrid und Brummhilde.

Die Lehrerin hatte mit den Kindern schon alles aufgebaut. Auch die Stühle für die Zuschauer standen in mehreren Reihen hintereinander. Jetzt mussten die Kinder nur noch in ihre Kostüme schlüpfen und die Ponys fertig machen.

Nach und nach fanden sich dann auch schon die ersten Gäste ein. Bald waren alle Stühle belegt, und es herrschte ein fröhliches Stimmengewirr. Möhre beobachtete das Geschehen zufrieden von einem schattigen Platz aus. Es war gut, dass so viele Zuschauer gekommen waren, denn die Einnahmen aus dem Theaterstück waren diesmal für Maries Familie bestimmt. Die Kinder aus der Klasse hatten nämlich erst vor Kurzem erfahren, dass Marie noch ein Geschwisterchen bekommen würde, aber ihre Eltern kaum Geld für die Babyausstattung hatten.

Aber nicht nur Maries Familie war mit der Aufführung geholfen, sondern auch dem Bürgermeister. Denn endlich passierte mal was in seiner kleinen Kurstadt!

Und es gab wirklich eine Menge zu sehen. Viel mehr als im beschaulichen Apfeltal, fand Möhre. Eine Zuschauerin stach ihm besonders ins Auge. Sie saß vorne in der ersten Reihe und trug einen riesigen goldfarbenen Hut. Durch Zufall hörte Möhre, wie der Bürgermeister Oma Astrid zuflüsterte, dass es sich dabei um eine echte Gräfin handelte.

Gräfin von Goldenberg hieß sie. Doch alle nannten sie bloß *die goldene Gräfin*. Sie trug nämlich nicht nur den auffälligen Hut, sondern um ihren Hals baumelten auch unzählige Goldketten und mindestens so viele Armreifen an ihrem Handgelenk. Als Krönung steckten ihre Füße in goldenen Stöckelschuhen, und damit erinnerte die Gräfin Möhre glatt ein bisschen an Donni. Das lackschwarze Pony war früher nämlich Turniere gegangen. Und auch wenn das schon ewig her war, gab Donni immer noch mit den Schleifen an, die er dort gewonnen hatte.

Das Theater hatte inzwischen begonnen, und weil Möhre es schon kannte, wandte er seinen Blick zum Kurpark, den er ja noch *nicht* kannte. Schön war es hier, fand er. Und noch besser: Es gab hier keine Mücken! Im Schutz alter Bäume wuchs Gras in satten Büscheln, und obwohl die meisten Kurgäste zur Aufführung gekommen waren, spazierten ein paar wenige die Parkwege entlang.

Und dann stutzte Möhre mit einem Mal, als urplötzlich seine Hufe zu kribbeln begannen. Das taten sie nur, wenn etwas merkwürdig war. Nur was? Hier war doch alles in bester Ordnung, oder nicht?

Da! Schon wieder! Zwischen den knorrigen dicken Bäumen bewegte sich etwas, und das sah verdächtig aus. Und zwar so sehr, dass er augenblicklich der Sache nachgehen musste. Er war schließlich ein Inspektor! Zum Glück war Oma Astrid so abgelenkt, dass sie gar nicht bemerkte, wie er sich heimlich davonstahl. Und flink, wie nur ein Minipony sein kann, flitzte er dem Schatten hinterher.

Aus der Nähe erkannte Möhre, dass es ein Mann war, der da zwischen den Bäumen umherhumpelte. Er war groß, dünn, und trug eine braune Hose und einen braunen Mantel. In der Hand hielt er einen Zettel und murmelte komische Wörter vor sich hin: «Unscheinbar, wie wunderbar, gut versteckt, dennoch entdeckt, zwischen

Riesen liegt es hold, im Schattengrün das pure Gold. Im Sommer wie im Winter, niemand kam bisher dahinter.»

Hä?, dachte Möhre. Was sollte das denn bedeuten? War das ein Gedicht oder so was?

Im nächsten Moment blieb der Mann stehen und schien sich dasselbe zu fragen. Ratlos blickte er auf den Zettel in seiner Hand. «Ich werde einfach nicht schlau daraus», sagte er. «Dabei bin ich mir sicher, dass Chantal Nachtigall vor vielen Jahren einen Schatz hier versteckt hat. Wozu sollte sie das sonst alles aufgeschrieben haben? Außerdem ist es höchst verdächtig, dass sie den Zettel damals in ihrem Hotelzimmer versteckt hat. Sie war schließlich eine berühmte Opernsängerin und keine

Archäologin. Und wäre ich nicht zufällig in ihrem alten Zimmer einquartiert worden und hätten meine Beine nicht geschmerzt, sodass ich mich beim Schuheanziehen auf den Boden setzen musste, wäre mir das Papier zwischen den Dielen gar nicht weiter aufgefallen. Es muss also ein Schatz sein.»

Jetzt kribbelten Möhres Hufe noch mehr. Hatte er gerade richtig gehört? Es ging um einen Schatz?

Tatsächlich! Als er sich näher heranpirschte, konnte Möhre für einen klitzekleinen Moment einen Blick auf den Zettel erhaschen. Es war wirklich eine Schatzkarte! Möhre sah die Linien und Striche ganz genau. Seltsamerweise erinnerten sie ihn an ein Bündel Möhren.

Superduper, dachte er. Der Mann brauchte eindeutig Unterstützung. Wie gut, dass Greta, Wolke, Hennes und Jasper die vier Apfeltaldetektive waren. Und nicht zu vergessen er selbst, Inspektor Möhre. Flitzeschnell galoppierte er also zurück zur Bühne.

Das Theater war gerade zu Ende gegangen. Greta hatte soeben ihr Königinnen-Kostüm ausgezogen, als er atemlos vor ihr abbremste. «Na, warst du ein bisschen grasen?», fragte sie ihn.

Möhre schüttelte den Kopf. Dann blinzelte er mit den Augen.

Und Greta verstand Möhre sofort! Sie war nun mal sein absoluter Lieblingsmensch und kannte ihn einfach besonders gut. «Ehrlich?», fragte sie. «Was denn?»

Tja, mit dem Pony-Geheimcode war das so eine Sache. Der war zwar für viele Dinge wirklich hilfreich, doch dafür musste man auch die richtigen Fragen stellen. Wie aber sollte Greta erraten, dass im Kurpark ein Schatz versteckt lag? Das war unmöglich, und deshalb blieb Möhre nichts anderes übrig, als tief in seine Trickkiste zu

greifen. Er trabte los und versteckte sich hinter einem Busch, wo sie nicht gesehen werden konnten. Greta folgte ihm. Dann malte er mit dem Vorderhuf ein paar Buchstaben in die Erde. SCH, A, T und Z.

«Schatz», las Greta langsam, ehe sich ihre Augen weiteten. «Ehrlich? Du hast einen Schatz gefunden?»

Möhre nickte, ehe er den Kopf schüttelte. Na ja, gefunden hatte er ihn ja noch nicht. Daher peitschte er mit dem Schweif, was Greta wieder richtig deutete.

«Verstehe. Im Park ist ein Schatz versteckt, und du willst, dass wir ihn gemeinsam finden», sagte sie.

Möhre nickte, und Greta grinste. Eine Schatzsuche war mindestens so spannend wie ein neuer Detektivfall. Da war nur ein klitzekleines Problem. Die Theateraufführung war nun vorbei, und deshalb würden sie auch alle wieder nach Hause fahren. Und zwar auf der Stelle.

Detektive werden überall gebraucht, stellt Möhre fest

SCHATZ

Inzwischen packten die anderen Kinder schon alles zusammen. Nur die vier Detektive standen etwas abseits. Denn Greta erzählte gerade ihren Detektivkollegen, was Möhre ihr soeben hinter dem Busch anvertraut hatte. Nämlich dass im Kurpark ein Schatz versteckt war.

«Heiliger Apfelkuchen», zischte Hennes. «Was Möhre immer alles herausfindet!»

«Der Sache müssen wir nachgehen», jubelte Jasper. «Das klingt total spannend.»

Und auch Wolkes Augen blitzten vor Aufregung. «Ob es ein Goldschatz ist?», fragte sie. Dann jedoch verfinsterte sich ihr Gesicht. «Aber wie sollen wir das anstellen? Frau Pettersen will so schnell wie möglich zurück ins Apfeltal, weil sie schon morgen in Urlaub fährt und noch ihren Koffer packen muss. Das hat sie mir vorhin erzählt.»

«Mist», grummelte Jasper bei dem Wort *Koffer*. «Hätte ich bloß den Detektivkoffer mitgenommen. Da ist der

Kompass drin, und den könnten wir für die Schatzsuche gut brauchen!»

«Habt ihr mir nicht zugehört?», wunderte sich Wolke. «Wir fahren gleich los.»

Wie zum Beweis rief die Lehrerin in ihre Richtung: «Kinder, nicht trödeln! Wir müssen nach Hause! Die Sommerferien warten auf uns.»

Greta seufzte. «Frau Pettersen wird uns ganz bestimmt nicht erlauben, hierzubleiben.» Missmutig schlüpfte sie aus ihrem Kostüm.

Inzwischen war auch Oma Astrid zu Brummhilde gegangen, die etwas abseits geparkt war. Doch als Oma Astrid nun den Schlüssel umdrehte, um mit dem Traktor vorzufahren, machte Brummhilde zwar ein rülpsendes Geräusch, dann aber nichts mehr. Verdutzt drehte Oma Astrid den Schlüssel erneut, doch der Traktor rührte sich kein bisschen. Auch nicht, als sie es noch einmal versuchte.

«Oh nein!», rief sie. «Jetzt spinnt das alte Ding! Wolke, meinst du, dein Papa könnte herkommen und nachsehen, was los ist?»

Wolke zuckte mit den Schultern. «Wir können ihn fragen. Seine Arbeit ist ganz in der Nähe.»

Also zog Frau Pettersen ihr Handy aus der Tasche, um

Wolkes Papa anzurufen. Und tatsächlich hatte er gerade Zeit und war rasch zur Stelle. Tief beugte er sich über Brummhildes Motorhaube, doch als er nach einer Weile wieder hochschaute, sagte er bekümmert: «Der Keilriemen ist gerissen. Da wirst du einen neuen brauchen, Oma Astrid.»

Falls du dich jetzt wunderst, warum Wolkes Papa auch *Oma Astrid* zu ihr sagte, dann lass dir schnell erklären, dass Oma Astrid eigentlich von niemandem im Apfeltal die echte Oma war, aber trotzdem war sie *wie* eine Oma für alle, ob groß oder klein.

«Kannst du den besorgen?», fragte Oma Astrid.

Wolkes Papa nickte. «Schon, aber das wird ein paar Tage dauern.»

«Ein paar Tage?!» Entsetzt schüttelte sie ihre schlohweißen Haare. «Aber wie soll das gehen? Ich kann doch mit den Ponys nicht hier übernachten!»

«Warum eigentlich nicht?», mischte sich da der Bürgermeister ein, der gerade die letzten Gäste verabschiedet hatte. «Das wäre doch eine wunderbare Idee! Die Kurgäste, vor allem die Gräfin, waren von der Theateraufführung begeistert. Auch von den Ponys. Von mir aus können Sie also gerne hierbleiben. Das ist gut fürs Geschäft und ...» Er hüstelte verlegen. «Na ja, es würde auch dem Kurhotel nicht schaden, sagen wir es mal so. Die Ponys sind ja ein wahrer Gästemagnet!»

«Ach, wirklich?», antwortete Oma Astrid trocken. «Und was sollen meine Ponys inzwischen fressen? Ihre schönen grünen Kurparkwiesen?»

Da begann der Bürgermeister glatt noch mehr zu strahlen. «Das ist ja schon wieder eine wunderbare Idee! Meine Liebe, Sie übertreffen sich! Ausgerechnet jetzt in der Hochsaison liegt unser Gärtner krank im Bett. Dabei

müssen die Wiesen dringend gemäht werden. Sie sehen ja selbst, wie struppig alles aussieht. Und das ist *nicht* gut fürs Geschäft», sagte er und fügte beinahe flehend hinzu: «Wo doch jetzt eine echte Gräfin hier zu Gast ist ...»

Möhre, der das Gespräch mitverfolgt hatte, schnaubte leise. Struppig fand er die Wiesen nicht, eher saftig und lecker! Vor allem gab es keine Mücken. Es wäre bestimmt schön, hierzubleiben. Vor allem jetzt, wo es einen Schatz zu finden gab!

Der Meinung waren auch Greta, Wolke, Hennes und Jasper, und deshalb quasselten sie wild auf Oma Astrid ein. «Ja, bitte, wir möchten hierbleiben! Jetzt sind doch sowieso Ferien. Das wird bestimmt lustig. Wir helfen dir auch mit den Ponys!»

«Aber wo sollen wir denn schlafen?», wandte Oma Astrid ein.

Auch darauf hatte der Bürgermeister eine Antwort. «Im alten Pavillon», schlug er vor. «Er befindet sich im Kurpark. Früher hat der Kurdirektor darin gewohnt, doch seit ein paar Jahren steht der Pavillon leer. Es lässt sich aber trefflich darin schlafen. Außerdem gibt es auch einen kleinen Schuppen, da könnten Sie die Ponys unterbringen.»

«Biiitteee», flehten die Apfeltaldetektive, und auch Möhre wackelte mit dem Popo.

Oma Astrid stieß einen Seufzer aus. «Na gut, von mir aus – wenn eure Eltern damit einverstanden sind?»

Sie blickte zu Wolkes Papa, der mit den Schultern zuckte. «Ich glaube, es bleibt dir nichts anderes übrig, Oma Astrid. Inzwischen gebe ich unserer Bäckersfrau Lieselotte im Dorf Bescheid, dass sie ein wachsames Auge auf deinen Pfannkuchenhof werfen soll, solange ihr hier seid. Und wenn der Keilriemen da ist, komme ich sofort her, versprochen.»

Er gab Wolke einen Abschiedskuss und stieg wieder ins Auto. Schließlich warteten noch andere Motoren auf ihn, die dringend repariert werden mussten.

Frau Pettersen drängte nun ebenfalls zur Eile, und bald brauste der Bus mit der Lehrerin und den restlichen Kindern aus der Klasse davon.

Abenteuerlustig trippelte Möhre mit den anderen mit, als der Bürgermeister Oma Astrid und den Kindern den

Pavillon zeigte, der sich glatt als megacoole Waldvilla entpuppte. Ob es bald mit der Schatzsuche losgehen konnte?

Aber erst einmal nahmen Greta und Wolke eines der vielen Zimmer in der Villa in Beschlag.

ANNO 1697
Bad Wilbek

«Auch wenn es keinen Schatz hier gäbe, ist das ein tolles Abenteuer», kicherte Greta.

«Ja, so können die Ferien beginnen!», sagte Wolke vergnügt. «Wie gut, dass Brummhilde den Geist aufgegeben hat. Jetzt schlafen wir nicht nur in einer Villa, sondern gehen gleich auf Schatzsuche!»

Aber ein bisschen mussten die Kinder und Inspektor Möhre sich dann doch noch gedulden, denn erst wurde der mobile Weidezaun aufgebaut, den Oma Astrid in weiser Voraussicht mitgenommen hatte.

Als die Kinder wenig später Lord Donnerheim und die anderen Ponys auf ihre neue Weide führten, plusterte sich das lackschwarze Pony wichtigtuerisch auf. «Was ist das jetzt? Warum sind wir hier? Kann mir das jemand sagen? Ich bin hier schließlich der Chef und sollte eigentlich über alles informiert werden!»

«Aber auch nur in deinen Träumen», brummelte Möhre leise. Und laut erklärte er: «Der Traktor ist kaputt, deshalb bleiben wir für ein paar Tage hier.»

Donni schien mit dieser Antwort nicht ganz zufrieden zu sein, deshalb hängte Möhre schnell dran: «Der Bürgermeister meint, wir Ponys sind eine echte Attraktion und ein Gewinn für die Stadt. Und *dich* findet die Gräfin von Goldenberg besonders toll!»

«Eine Gräfin!», wieherte Lord Donnerheim begeistert, ehe er den lackschwarzen Kopf schief legte und fragte: «Und wie kommt es, dass du Knirps das weißt?»

O je! Da hätte Möhre ja beinahe sein Geheimnis verraten! Doch Donni war zum Glück leicht an den Nüstern herumzuführen.

«Das ist doch logo», log Möhre lässig. «Hast du nicht gesehen, wie sie dich während der Aufführung angehimmelt hat?»

Volltreffer! Mehr brauchte Möhre gar nicht zu schwindeln. Lord Dummi schluckte die Lüge auch so wie eine saftige Möhre und stellte daraufhin keine unbequemen Fragen mehr.

«Das wäre geschafft», schnaufte Oma Astrid, als der Zaun stand und die Ponys genüsslich zu grasen begannen. Dabei schlich sich ein Lächeln auf ihr Gesicht. «Sagt mal, macht es euch etwas aus, wenn ich euch für eine Stunde alleine lasse?» Sie sah Greta, Wolke, Hennes und Jasper fragend an. «Der Bürgermeister hat mir als Dank für die Organisation der Aufführung eine Minikur geschenkt. Vielleicht ist es ja doch gar nicht so übel hier. Gleich beginnt meine Massage, und in der Tat bin ich von der ganzen Aufregung etwas verspannt. Aber vielleicht ist es euch lieber, dass ich bleibe?»

«Nö», riefen die vier Apfeltaldetektive gleichzeitig. «Geh ruhig! Wir finden schon eine Beschäftigung.»

Und du weißt natürlich auch, an welche Beschäftigung unsere Detektive da dachten! Allen voran Möhre, der nun schnurstracks unter dem Weidezaun hindurchschlüpfte – zum Glück war er so klein – und zu der Stelle lief, wo er den Mann mit der Schatzkarte zuletzt gesehen hatte.

Tatsächlich war er wieder da. Dieses Mal humpelte der Mann aber nicht, sondern saß auf einer Parkbank und seufzte vor sich hin.

«Ich verstehe das nicht», jammerte er. «Ich war doch bloß kurz bei der Rückengymnastik. Und jetzt ist der Zettel verschwunden! Dabei hatte ich ihn gut in meiner Manteltasche verstaut. So etwas ist mir in meinen ganzen Jahren als Professor für Geschichtswissenschaft nie passiert. Einen archäologischen Fund zu verlieren …» Er stützte den Kopf auf seine Hände und sagte zu sich selbst: «Mein lieber Professor Hörlein. Nicht nur dass deine Beine alt und steif sind, jetzt wirst du auch noch alt im Kopf ...»

Hoppla, dachte Möhre, der hinter der Parkbank stand und alles mit anhörte. Der Mann war also ein Professor. Jemand, der wusste, wie man mit Beweisen umging. War es da nicht viel logischer, dass Möhre nicht als Einzigem sein merkwürdiges Verhalten im Park aufgefallen war? Vielleicht hatte so noch jemand anderes von dem Schatz erfahren und dem Professor die Schatzkarte in einem günstigen Moment geklaut?

Ja, dachte Möhre mit scharfem Inspektorblick. So musste es gewesen sein, und nur zu gern hätte er dem armen Professor das auch erklärt. Nur wie? Er überlegte gerade, die vier Apfeltaldetektive zu Hilfe zu holen, als der Professor weiterredete.

«Tja, ich werde wohl wirklich alt. Das Gedicht auf dem Zettel habe ich mir zwar merken können, aber die Schatzkarte leider nicht. Jetzt werde ich den Schatz von Chantal Nachtigall wohl niemals finden. Dabei wäre das so spannend gewesen ...»

Der Professor drehte sich ein wenig, um seine schmerzenden Beine auszustrecken, als er direkt in die neugierigen Augen von Möhre blickte. «Nanu?», rief er. «Wer bist du denn?»

Als Antwort stupste Möhre Professor Hörlein mit den Nüstern an und schnaubte vergnügt: «Wer ich bin? Na, ich bin Inspektor Möhre, das schlaueste Minipony weit und breit. Deshalb habe ich mir die Schatzkarte auch gut gemerkt. Und gemeinsam mit meinen Detektivkollegen werden wir den Schatz schon finden, so viel ist klar.»

Doch alles, was der Professor hörte, war:

Auf dem Weg zum Schatz, wo drei Monster lauern

Schnell machte Möhre kehrt, um Greta, Wolke, Hennes und Jasper zu holen. Dabei überlegte er fieberhaft, wie er ihnen in aller Kürze erzählen konnte, was er eben vom Professor erfahren hatte. Mit dem Pony-Geheimcode würde es ganz schön kompliziert werden! Doch dann entdeckte er, dass das gar nicht nötig war.

Die vier Apfeltaldetektive waren nämlich längst hier! Sie hatten sich hinter einem der Bäume ganz in seiner Nähe versteckt.

Möhre hatte gar nicht gemerkt, dass Greta, Wolke, Hennes und Jasper ihm vorhin gefolgt waren. Sie waren einfach ein superduper Team! Voller Stolz trabte er mit gespitzten Ohren auf die Kinder zu.

Und tatsächlich musste er gar nichts mehr erklären, denn Hennes sagte auch schon: «Wir haben alles mit angehört. Bestimmt hat jemand die Schatzkarte gestohlen.»

Möhre nickte heftig. Das waren auch seine Überlegungen gewesen.

«Und jetzt?», fragte Jasper erwartungsvoll.

Als Antwort malte Möhre ein paar Striche und Linien in die Erde.

Die vier Apfeltaldetektive sahen sich an.

«Ein Bündel Möhren?», sagte Jasper verwundert, und Greta fragte: «Wie kannst du jetzt ans Fressen denken? Hast du denn so einen Hunger?»

Da malte Möhre ein X hinzu.

«Ach so!», rief Wolke, die gleich wusste, worauf Möhre hinauswollte – und bestimmt du jetzt auch. Denn gute Detektive achten ja auf jedes Detail. Bei dir war das bestimmt das Bündel Möhren, hab ich recht? Wolke hingegen erinnerte sich nun daran, dass man auf einer Karte eine bestimmte Stelle immer mit einem X markiert. Denn das hatte sie einmal in einem Buch gelesen. Hastig kramte sie aus ihrem Rucksack einen Notizblock hervor und zeichnete darauf die Linien und Striche nach, die Möhre auf den Boden gemalt hatte.

Am Ende setzte sie auch das X dazu und hielt das Ergebnis den anderen hin.

Jetzt begriffen Greta, Hennes und Jasper, was los war, und sie sahen Möhre beeindruckt an. «Die Schatzkarte! Du hast sie dir gemerkt?!»

Stolz nickte das kleine Pony.

«Klasse!», jubelte Hennes. «Jetzt muss uns der Professor in die Schatzsuche miteinbeziehen, ob er will oder nicht. Schließlich hat er das Gedicht und wir die Karte!»

Gesagt, getan! Schon liefen sie zum Professor hinüber und erklärten ihm alles. Na ja, fast alles, denn Möhres Geheimnis blieb natürlich geheim. Stattdessen erzählten sie, wer sie waren, und dass sie helfen konnten, den Schatz zu finden – schließlich waren sie die vier Apfeltaldetektive!

Professor Hörlein war anfangs so erleichtert darüber, dass ihm gar nicht weiter auffiel, wie seltsam das doch war. Also dass die Kinder so plötzlich eine Kopie seiner Schatzkarte besaßen.

Er sagte bloß: «So ein Glück! Dann bin ich also doch nicht so alt, dass ich wichtige Dinge einfach verliere!»

Einen Augenblick später legte er jedoch seine Stirn in Falten, betrachtete die Kinder nachdenklich und fragte: «Aber wie seid ihr überhaupt an die Schatzkarte gekommen, wenn sie gestohlen wurde?»

Tja, dachte Möhre. Das war eine gute Frage. Die Wahrheit konnten sie dem Professor schlecht sagen. Eine Geheimwaffe funktionierte eben nur, wenn sie geheim blieb.

Doch Jasper war nicht um eine Ausrede verlegen! «Wissen Sie, unser Pony hier ist ein kleiner Ausbüxer», flunkerte er, ohne mit der Wimper zu zucken. «Um zu wissen, wo er steckt, hängt Oma Astrid ihm manchmal eine Bodycam um. Möhre hat damit zufällig Ihre Schatzkarte gefilmt, und so sind wir auf Sie gestoßen.»

«Was es heutzutage alles gibt!», staunte der Professor und sah Möhre neugierig an, dann blitzten seine Augen abenteuerlustig auf. «Worauf warten wir noch? Holen wir uns den Schatz, ehe der Dieb es tut!»

Das ließen sich die vier Apfeltaldetektive und Inspektor Möhre nicht zweimal sagen. So schnell es mit Professor Hörleins steifen Beinen ging, liefen sie los. Dabei stellte sich heraus, dass die Schatzkarte gar nicht schwer zu lesen war. Sie mussten bloß einem bestimmten Weg folgen, der sie tief in den Kurpark führte.

Immer dichter standen die Bäume, und es wurde merklich kühler in ihrem Schatten. Vor einem windschiefen Häuschen blieben sie stehen. Hier war auf der Karte das X markiert. Und das bedeutete, dass an diesem Ort auch etwas versteckt war.

Doch von einem Schatz fehlte jede Spur. Sie fanden auch nichts, als sie das Häuschen von innen erkundeten, das sich als altes Brunnenhaus entpuppte, wie Professor Hörlein wortreich erklärte.

«Ob uns vielleicht der Reim weiterbringt?», überlegte er und sagte ihn für die Kinder auf: «Unscheinbar, wie wunderbar, gut versteckt, dennoch entdeckt, zwischen Riesen liegt es hold, im Schattengrün das pure Gold. Im Sommer wie im Winter, niemand kam bisher dahinter.»

Mit flinken Fingern schrieb Wolke das Rätsel mit. Allerdings wurden die vier Apfeltaldetektive aus den Worten auch nicht schlau. Und ebenso wenig Möhre. Denn Schat-

ten gab es hier zwar zur Genüge, aber Riesen keine. Und Gold schon gar nicht. Es war vielmehr eine wenig vorzeigbare Stelle im Kurpark, denn der Boden war sumpfig und die Bepflanzung ungepflegt.

«Vielleicht ist uns der Dieb ja zuvorgekommen», überlegte Hennes gerade, als er auf einmal die Augen aufriss. «Heiliger Apfelkuchen, habt ihr das gesehen?»

«Was denn?», fragte Greta und sah sich um.

Auch Möhre drehte suchend den Kopf und erstarrte vor Schreck. Dabei spürte er, wie ihm die Panik in die Hufe rieselte. Am liebsten wäre er auf der Stelle weggelaufen, denn aus dem Dunkel des Dickichts kamen gerade drei monstermäßige Schatten auf sie zu. Und die schienen nichts Gutes im Schilde zu führen!

«O-Pony-Weia!», schnaubte Möhre und legte die Ohren an.

Wildschweine und Gräfinnen passen nicht zusammen

Entsetzt blickte Möhre auf die schwarzen Schlammmonster, während sein Herz laut rumpelte und pumpelte. Waren das die Schatzkartendiebe? Wenn ja, was hatten sie vor?

Er und sein Team waren zwar in der Überzahl, und dazu hatten sie ja noch den Professor an ihrer Seite, doch die drei Gestalten sahen einfach zu Furcht einflößend aus! Wilde Zotteln hatten sie und dreckverschmierte Gesichter.

«Ach, du liebes bisschen», stöhnte jetzt auch der Professor, als er sich umdrehte. «Was ist das denn?»

«Keine Ahnung», murmelte Greta und griff nach Wolkes Hand, während Jasper ein paar Schritte rückwärts machte, bereit, die Flucht zu ergreifen. «Wir sollten besser verduften, ehe sie hier sind», befand auch Hennes mit zitternder Stimme.

Das ließ Möhre sich nicht zweimal sagen! Er wollte

gerade Gas geben, als er mittendrin ein quiekendes *Oinki-doinki, da sind sie ja!* hörte.

Mit quietschenden Hufen bremste er wieder ab.

Und dir wird jetzt sicher auch ein seltsamer Gedanke kommen, denn *Oinkidoinki* sagte eigentlich niemand, außer Möhres lieber Wollschweinfreund Zacki.

Und genau das Gleiche dachte auch Möhre. Doch Zacki war mit Zicki auf dem Pfannkuchenhof geblieben. Er konnte es also nicht sein – oder etwa doch? Aber wer war dann die dritte Gestalt?

«Möhre, komm endlich», zischte Greta. Sie war schon ein paar Meter weiter vorne, direkt hinter dem davonhumpelnden Professor. Doch Möhres Neugierde war nun geweckt, und entschlossen drehte er sich um und sah den herankommenden Schlammmonstern todesmutig entgegen. Kurz vor knapp kamen sie vor ihm zum Stehen. Möhre war schon auf alles gefasst, als eines der Monster fröhlich unter der Dreckschicht quiekte: «Du hast ihn gefunden!»

Das andere Monster hechelte verlegen. «War eine Kleinigkeit», sagte es und wedelte mit dem schlammverkrusteten Schwanz.

«Ach, sei doch nicht so bescheiden», grunzte daraufhin das dritte Monster. «Du hast wirklich die beste Schnüffelnase der Welt, Bruno Schokowuschel. Vom Pfannkuchen-

hof hierher zu finden! Grunzoklaro, das ist eine saustarke Leistung!»

Jetzt war alles klar! Das waren überhaupt keine Monster, sondern seine Freunde Zicki und Zacki und der Hund Bruno Schokowuschel.

«Was macht ihr denn hier?», wieherte Möhre erstaunt.

«Na, was wohl?», quiekte Zacki. «Wir haben uns Sorgen um euch gemacht. Die anderen sind mit dem Bus zurückgekommen, ihr aber nicht.»

«Deshalb haben wir gedacht, ihr braucht vielleicht Hilfe», ergänzte Zicki grunzend.

«Wie lieb von euch», sagte Möhre gerührt. «Aber wie habt ihr es bloß über die Hoppeheide geschafft, ohne von den Mücken ... oh!», machte er, als er

es endlich verstand. «Deshalb seid ihr voller Schlamm!»

«Na ja, fast», quiekte Zacki fröhlich. «Zuerst haben wir die Mücken vor lauter Sorge um euch glatt vergessen und sind einfach losgedüst. In der Hoppeheide haben sie uns dann aber voll erwischt. Schlimm war das! Zum Glück haben wir dort hinten direkt neben diesem Häuschen ein Schlammloch gefunden. Das hat uns gerettet.»

«Ja», grunzte Zicki. «Das ist echt super Schlamm! Es juckt schon überhaupt nicht mehr.»

Unterdessen hatten sich auch die anderen herangetraut. «Nanu?», rief Greta, als auch sie die drei unter der pechschwarzen Dreckschicht erkannte. «Habt ihr Sehnsucht nach uns gehabt?» Sie guckte streng. «Aber so könnt ihr nicht bleiben. Da kriegen ja alle Angst vor euch. Wir müssen euch dringend waschen, und ich weiß auch schon wo. In der Scheune neben dem Pavillon habe ich einen Gartenschlauch gesehen. Kommt mit!»

Zicki und Zacki und Bruno Schokowuschel sahen Möhre fragend an. «Was hat sie gesagt?», quiekte Zacki.

«Ach, nur dass sie sich freut, euch zu sehen, und wir jetzt zusammen zu unserer Unterkunft gehen», erklärte er ausweichend. Vom Wasserschlauch erzählte er lieber nichts. Der bloße Gedanke daran ließ sein Fell zu Berge stehen. Und auch wenn die drei Freunde bei Weitem nicht so feige waren wie er, wenn es um Wasser ging, wollte Möhre nichts riskieren. So kamen die drei wenigstens anstandslos mit.

Der Professor staunte nicht schlecht, als sie sich daraufhin alle gemeinsam auf den Rückweg machten. «Sind das Wildschweine?», fragte er besorgt im Flüsterton. «Sind die denn zahm?»

«Ach, das sind nur die Wollschweine vom Pfannkuchenhof», erklärte Hennes, als wäre es das Normalste der Welt. «Und der Hofhund. Scheinbar haben sie uns so vermisst, dass sie uns nachgelaufen sind. Das Apfeltal ist ja gar nicht weit weg, gleich hinter der Hoppeheide.»

«Ach so», sagte der Professor. Ganz geheuer war ihm die Sache aber scheinbar nicht, denn er hielt gebührend Abstand zu den drei Schlammmonstern.

Das bestätigte Möhre in seiner Meinung, dass es trotz des Wasserschlauchs eine gute Idee von Greta war, die drei so schnell wie möglich wieder sauber zu kriegen. Dem Bürgermeister würde es nämlich bestimmt nicht gefallen, wenn jemand so ungepflegt in seinem Kurpark herumlief. Wo doch jetzt eine Gräfin zu Gast hier war!

Kaum hatte Möhre das gedacht, blitzte ein goldener Hut vor ihnen am Wegesrand auf. Verflixt, dachte er. Warum musste ausgerechnet jetzt Gräfin von Goldenberg hier entlangspazieren? Wenn sie die Schlammmonster zu Gesicht bekam, fiel sie garantiert in Ohnmacht! So wild, wie die drei gerade aussahen.

«Schnell, rein da in die Büsche!», befahl er ihnen und hopste zur Sicherheit gleich selbst hinterher.

Doch es war zu spät. Schon hörte Möhre Gräfin von Goldenberg keuchen: «Huch! Waren das gerade Wildschweine? Wenn das der Fall ist, muss ich sofort abreisen. Das ist mir viel zu gefährlich hier!»

Na, superduper, dachte Möhre genervt. Jetzt hatten sie den Schlamassel! Wenn die Gräfin ihretwegen das Weite suchte, würde das dem Bürgermeister gar nicht gefallen. Bestimmt würde er ihnen dann nahelegen, ebenso nach Hause zu fahren. Dabei hatten sie den Schatz ja noch gar nicht gefunden!

Zum Glück war auf seine Freunde aber mal wieder Verlass.

Greta sagte lässig: «Keine Panik, hier gibt es keine Wildschweine. Das war bloß Möhre!»

Sie zeigte auf den Busch, woraufhin er brav den Kopf zwischen den Blättern hervorstreckte. Mit dem süßesten Miniponylächeln, das er draufhatte. Das klappte sonst immer. Die goldene Gräfin konnte er damit hingegen nicht beeindrucken. Misstrauisch blickte sie sich um, ehe sie raschen Schrittes davonging.

Möhre konnte die Gräfin verstehen. Wenn man vor etwas panische Angst hatte, half auch das beste Zureden nichts. Das hatte er schon viele Male erlebt, wenn Greta den Wasserschlauch holte, um ihn zu waschen. Möhre hasste nun mal Wasser!

Was für ein Glück, dass die Wollschweine und Bruno nicht solche Angsthasen waren, wenn es darum ging. Und auch dass die Waldvilla jetzt nicht mehr weit weg war. Rasch verabschiedeten sie sich vom Professor und liefen zum Pavillon.

Dort fischte Wolke rasch ein paar Kekse aus dem Rucksack zur Ablenkung. Hennes rollte den Wasserschlauch ab, Jasper drehte den Hahn auf, und Greta spritzte die drei so blitzschnell sauber, dass sie gar keine Zeit hatten, das Weite zu suchen.

Begeistert waren Zicki und Zacki zwar nicht davon, ihren SUPERSCHLAMM zu verlieren. Doch Möhre hatte ihnen versprochen, dass sie dann auch hierbleiben konnten, wenn sie nicht mehr aussahen wie gefährliche Schlammmonster. Und wirklich!

Als Zicki, Zacki und Bruno Schokowuschel wenig später vor der Waldvilla lagen und sich in der Abendsonne trocknen ließen, fiel ihnen etwas auf.

Es war nicht Bruno Schokowuschels Fell, das nun wieder glänzte. Und auch nicht Zackis Wollschweinlöckchen, die sich jetzt wieder so niedlich kringelten.

Nein, es waren Zickis sonst so widerspenstige Borsten. Die waren nämlich auf einmal wie durch Zauberei nicht mehr struppig, sondern seidenweich und fluffig.

«Oinkidoinki», quiekte Zacki, als er auf seinen so plötzlich erhübschten Bruder blickte. Nicht dass er Zicki sonst hässlich fand. Es war nur, dass er mit seinen langen Borsten für gewöhnlich immer etwas wilder aussah als der gelockte Zacki. Jetzt hingegen sah Zicki mindestens so süß aus wie er! Und beeindruckt stellte Zacki fest: «Saugut siehst du aus!»

Zicki grunzte bloß schläfrig in der Abendsonne. «Sag

ich doch, dass das Superschlamm ist», meinte er und schüttelte zum Beweis seine flauschigen Wollschweinhaare.

«Na, da hat wohl jemand Sehnsucht gehabt?», erklang plötzlich Oma Astrids Stimme. Die hatte nicht nur ihre Kurbehandlung genossen, sondern auch noch einen kleinen Bummel durch Bad Wilbek gemacht. Jetzt beugte sie sich zu den beiden Wollschweinen und Bruno Schokowuschel und kraulte ihnen zärtlich die Borsten und das Fell, ehe sie verdutzt rief: «Aber so was, wie sieht denn Zicki auf einmal aus?»

«Schick, nicht?», sagte Greta und kicherte. «Er ist jetzt stadtfein!»

Da lachte Oma Astrid. «Keine Ahnung, wie ihr das geschafft habt. Aber für die Stadt passt das tatsächlich ganz gut.»

Dann war es Zeit fürs Abendessen, und der Schatz musste erst einmal warten. Schließlich haben auch Detektive Hunger. Und Miniponys, Hunde und vor allem Wollschweine sowieso immer.

Wolke auf Wolke sieben
und jede Menge Hinweise

Am nächsten Morgen machte Oma Astrid sich nach einem gemütlichen Frühstück wieder auf den Weg zu ihrer nächsten Kurbehandlung.

Und du kannst dir sicher denken, was die vier Detektive und Inspektor Möhre vorhatten!

Sie hatten sich mit Professor Hörlein im Kurpark bei der Parkbank verabredet, um noch einmal die Umgebung des Brunnenhauses zu erkunden. Gestern waren sie von den drei gefährlichen «Wildschweinen» dabei ja jäh unterbrochen worden.

Als sie ankamen, sagte der Professor jedoch: «Ich habe nachgedacht. Vielleicht sollten wir zuerst mehr über Chantal Nachtigall herausfinden. Gut möglich, dass wir so auf weitere Hinweise stoßen.»

«Superduper Idee», wieherte Möhre. «Das ist das Detektiv-Einmaleins. Die richtigen Fragen stellen. Wie? Wer? Wieso? Kurz: die drei Wees. Wenn man diese Fragen beantworten kann, hat man den Fall so gut wie gelöst. Oder eben den Schatz gefunden.» Voller Begeisterung wackelte er mit dem Popo und merkte dabei gar nicht, dass jetzt nicht nur die Kinder ihn ansahen, sondern auch Professor Hörlein. Verdutzt runzelte dieser die Stirn, woraufhin Möhre hastig so tat, als würde er an einem Grashalm knabbern.

Zum Glück lenkte Hennes den Professor ab, indem er fragte: «Wie können wir denn mehr über diese Chantal Nachtigall herausfinden?»

Professor Hörlein schmunzelte. «Na, wir gehen dorthin, wo es immer Antworten gibt.»

«Ins Internet?», rief Jasper prompt.

«Besser», antwortete der Professor feierlich. «In die Stadtbibliothek.»

Kaum hatte er das gesagt, fingen Wolkes Augen zu leuchten an. «Oh! Da wollte ich schon immer einmal hin.» Denn Wolke liebte Bücher, so wie Greta Ponys liebte, Hennes sein Skateboard, Jasper Captain-Muffy, den Comic-

Helden, und Möhre seine Möhren. Es war daher nicht weiter verwunderlich, dass Wolke sogleich mit flotten Schritten vorausmarschierte.

Die Stadtbibliothek befand sich in der Hauptstraße von Bad Wilbek, gleich neben dem Marktplatz und der Eisdiele.

Zum Glück hatte die Bibliothek geöffnet. Als sie jedoch eintreten wollten, entdeckten sie ein großes Schild vor der Tür. *Hunde müssen draußen bleiben* stand da.

Besorgt blickte der Professor auf Möhre, der natürlich mitgekommen war. «Euer Pony ist zwar kein Hund», erklärte er. «Ich befürchte dennoch, dass es nicht mit hineindarf.»

«Aber wir brauchen ihn», protestierte Greta. «Ohne Möhre, das geht nicht.»

Möhre sah das genauso, deshalb nickte er.

Und wieder sah ihn der Professor voller Staunen an. «Euer Möhre ist wirklich ein besonderes Pony. Man könnte meinen, er versteht, was wir sagen.»

«Quatsch», entgegneten die Kinder schnell. «Er ist bloß nicht gern allein. Das ist alles.»

Das schien der Professor zu verstehen, denn ohne zu zögern knöpfte er seinen Mantel auf. «Wenn das so ist, soll er eben hier drunterschlüpfen», sagte er und klang dabei so gutmütig wie Oma Astrid. «Mit ein bisschen

Glück fällt er gar nicht auf. So groß ist er ja nicht.» Und schon schwang der Professor den Mantel um Möhre.

Jetzt konnte Möhre zwar nicht mehr wirklich viel sehen, aber was er durch einen kleinen Spalt sehen konnte, reichte aus, um zu verstehen, warum Wolke sich so gefreut hatte, einmal hierherzukommen. Es gab Bücher bis unter die Decke.

Sofort zog Gretas beste Freundin ein Buch aus einem Regal und steckte die Nase hinein. Auch Hennes und Jasper sahen sich um. Greta hingegen folgte dem Professor. Zur Sicherheit, falls Möhre unter dem Mantel etwas sagen wollte.

Weil der Professor sich mit Büchern und Bibliotheken gut auskannte, dauerte es nicht lange, bis er das richtige Buch gefunden hatte. Neugierig kamen Wolke, Hennes und Jasper jetzt zu ihnen, während der Professor den Titel vorlas: «Bad Wilbeks Geschichte und Geschichten». Das

Buch erzählte nicht nur vom Werdegang des Kurhotels, sondern auch von den prominenten Gästen, die im Laufe der Zeit hier zu Gast gewesen waren.

«Da», sagte Professor Hörlein und tippte mit dem Finger auf ein Foto, als er die richtige Seite gefunden hatte. «Das ist sie: *Chantal Nachtigall, weltberühmte Opernsängerin.*»

Der Text erzählte, dass Chantal Nachtigall regelmäßig zur Kur nach Bad Wilbek gekommen war. Sie war nicht nur für ihr Gesangstalent berühmt gewesen, sondern auch für ihr jugendliches Aussehen. Der damalige Kurdirektor war der Meinung, dass die Opernsängerin dies vielleicht seiner Kurklinik zu verdanken hatte, doch es lag wohl eher an ihren Genen. Denn auch wenn eine Kur in Bad Wilbek mit Sicherheit die Gesundheit förderte, schien das Heilwasser nicht zu ewiger Jugend zu verhelfen. Zumindest gab es bis zum heutigen Datum keine wissenschaftlichen Beweise dafür.

Dann lasen sie noch, dass Chantal Nachtigall im hohen Alter von 101 Jahren verstorben war und ihr gesamtes Vermögen wohltätigen Zwecken zugutekam. Denn Kinder hatte sie keine und somit auch keine Erben. Mehr gab es aber nicht über sie zu lesen, und etwas enttäuscht klappte der Professor das Buch zu.

«Und jetzt?», wollte Greta wissen, weil Möhre unter dem Mantel die Nüstern hervorgeschoben hatte und ungeduldig mit den Hufen stampfte. «Das hat uns ja nicht wirklich weitergebracht.»

Der Professor nickte. «Schade, aber einen Versuch war's wert.» Er stellte das Buch zurück ins Regal und wollte soeben gehen, als sich ihre Wege schon wieder mit der goldenen Gräfin kreuzten. Dieses Mal stolperte der Professor regelrecht in sie hinein, so nah stand sie. Nämlich gleich hinter dem nächsten Bücherregal. Das führte dazu, dass für den Bruchteil einer Sekunde der Mantel des Professors verrutschte und dabei Möhres Schweif zum Vorschein kam.

«Herrje», stöhnte die Gräfin, als sie das sah, und sprang erschrocken zur Seite. Ihre Goldketten und Armreifen klimperten, als wäre sie ein Glockenspiel. «Seit wann sind Sie so haarig, Herr Professor?!»

«Haarig?», wiederholte er verdutzt, ehe ihm klar wurde, was die Gräfin wohl meinte. «Ach so. Das war doch nur mein ... ähm ... Schal», erklärte er und zog verlegen den Mantel enger.

Donnerwetter, dachte Möhre. Jetzt flunkerte der Professor schon so geübt wie die Kinder, wenn es um Detektivarbeit ging. Und wirklich schien die goldene Gräfin daraufhin etwas beruhigter zu sein.

«Tut mir leid», sagte sie. «Seit dem Vorfall gestern sehe ich nur noch Wildschweine. Ich traue mich gar nicht mehr, alleine in den Kurpark zu gehen. Was, wenn es doch welche waren?!» Sie blickte nervös um sich. «Deshalb dachte ich, ein Spaziergang in die Stadt würde mich vielleicht auf andere Gedanken bringen. Aber das war wohl ein Trugschluss.»

Als sie kehrtmachte, um zu gehen, fiel ein Sonnenstrahl durch das Bibliotheksfenster, genau auf die Brosche ihrer Jacke. Der Stein glitzerte und funkelte im Licht.

«Gnädigste», rief der Professor überrascht. «Sie tragen heute ja einen außergewöhnlich schönen Schmuck. Diese Brosche da.»

Er deutete auf die Jacke der Gräfin, wo sie das Schmuckstück angesteckt hatte. Ein schwarz-weißer Vogel war darauf zu sehen. Eine Elster, um genau zu sein. Sie war umrahmt von Gold, und dort, wo der Flügel des Vogels

war, befand sich ein schwarzer Stein. Der Stein war es auch, der im Licht so gefunkelt hatte.

«Eine perfekte Imitation des *Black Stars*, will ich meinen.» Der Professor nickte anerkennend. «Meinen Glückwunsch, gnädige Frau, zu Ihrem erlesenen Geschmack.»

Mit Sicherheit hatte Professor Hörlein dieses Kompliment nur gut gemeint. Doch die ohnehin schon etwas angeschlagene Gräfin geriet nun vollends aus der Fassung. Voller Schreck sah sie den Professor an, aber dann fing sie sich wieder und machte eine wegwerfende Handbewegung. «Ach, das alte Ding», sagte sie hastig und verließ nun endgültig die Bibliothek.

«Puh», stöhnte Greta, als die Luft rein war. «Das war knapp. Beinahe hätte sie Möhre entdeckt.»

Jasper nickte. «Dass sie aber auch immer dann auftauchen muss, wenn es grade überhaupt nicht passt.»

«Ist ja noch mal gut gegangen», meinte Hennes.

Nur Wolke sagte nichts. Sie war schon wieder in ein Buch vertieft. Greta musste sie regelrecht mit sich schleifen, als sie wenig später ebenfalls die Bibliothek verließen.

Ein etwas anderes Detektivbüro, jedoch mit gleichem Ergebnis

Auf der Straße holte Möhre erleichtert Luft. Unter dem Mantel war es mit der Zeit ziemlich stickig geworden. Nun aber wehte ihm eine sommerliche Brise um die Nüstern, und das fühlte sich gut an, auch wenn es in der Stadtbibliothek interessant gewesen war.

Zwar waren sie nicht wirklich weitergekommen, aber echte Detektive sammelten eben jeden noch so kleinen Hinweis. Im Apfeltal wären sie jetzt in ihr geheimes Detektivbüro auf dem Pfannkuchenhof verschwunden. Es befand sich gleich neben Möhres Box im Heulager. Um hineinzukommen, musste man bloß das lose Brett beiseiteschieben. Möhre nutzte es gern, wenn ihm Oma Astrid seiner Meinung nach zu wenig Futter in den Trog gefüllt hatte. Miniponys, wie er eines war, waren innen drin ja viel größer, als man von außen

meinte – und da war so ein geheimes Vorratslager eine feine Sache.

Hatten sie allerdings einen Fall, eignete sich das Versteck auch hervorragend als Detektivbüro. Dort konnten sie ungestört über verdächtige Dinge sprechen und über gesammelte Beweise grübeln. Nicht selten kamen sie so auf einen entscheidenden Gedanken, der sie dem Täter näher brachte.

Nun waren sie aber nicht im Apfeltal, sondern in Bad Wilbek, und deshalb musste die Lagebesprechung leider ausfallen.

Stattdessen lud der Professor die Kinder in die Eisdiele ein.

«Wenn wir schon nichts Gescheites in der Bibliothek herausgefunden haben, ist der Weg zumindest nicht umsonst gewesen. Das Eis hier soll hervorragend sein», meinte er, als er sich wie zum Beweis den größten Eisbecher von der Karte bestellte. «Im Kurhotel gibt es ja nur Gesundes zu essen. Das ist grundsätzlich auch gut, aber eine Ausnahme kann nicht schaden.» Und genüsslich schaufelte er sich wenig später Schokoeis und Schlagsahne in den Mund.

Die Kinder langten ebenfalls kräftig zu, und Greta war so lieb, ihre Waffeln mit Möhre zu teilen.

Überraschenderweise schien sich in der Stadt kaum

jemand an ihm zu stören. Vielleicht hatte es sich längst herumgesprochen, dass Oma Astrid mit den Ponys im Park zu Besuch war. Oder aber es lag daran, dass die meisten Leute in der Eile gar nicht richtig hinguckten und Möhre daher einfach für einen Hund hielten. Ihm sollte es recht sein. So konnte er in Ruhe über den Schatz nachdenken, dem sie bisher ja immer noch kein Stückchen näher gekommen waren.

Das schien auch seinen Detektivkollegen durch den Kopf zu gehen. Denn Wolke kramte nach einer Weile ihren

Notizblock hervor und sagte: «Zählen wir doch einmal auf, was wir bisher herausgefunden haben.»

Jetzt war es doch so, als ob sie im Detektivbüro saßen. Bloß dass dieses Mal der Professor dabei war. Möhre spitzte voller Spannung die Ohren.

«Also, wir wissen jetzt, dass Chantal Nachtigall wirklich in Bad Wilbek gewesen ist», fing Wolke an und schrieb es gleich auf.

«Und dass sie keine Erben hatte. Der Schatz muss also noch hier sein», machte Jasper weiter. «Hätte man ihn damals gefunden, wäre das bestimmt an die Öffentlichkeit geraten.»

«Gute Schlussfolgerung», lobte der Professor. «Doch wer hat meine Schatzkarte gestohlen?»

«Tja», antwortete Hennes. «Das erfahren wir, wenn wir die drei Wees beantworten können.» Er blickte vielsagend in die Runde. «Das *Wie* wissen wir bereits. Der Dieb hat die Karte aus der Garderobe gemopst, während Sie in der Gymnastikstunde waren. Und *Wieso* er es getan hat, ist auch klar: Weil er scharf auf den Schatz ist. Bleibt nur die Frage,

Wer hinter all dem steckt ...» Er brach ab, um nachzudenken, ehe er grinsend hinzufügte: «Im Grunde könnte es jeder hier gewesen sein. Sogar die goldene Gräfin.»

Greta, Wolke und Jasper lachten.

«Ich denke, Gräfin von Goldenberg können wir ausschließen», meinte allerdings der Professor. «Sie hat einen Schatz nicht nötig, so wie die im Geld schwimmt. Wüsste ich nicht, dass der Black Star seit Jahren verschollen ist, würde ich meinen, an ihrer Brosche wäre der echte.»

«Black Star?», wiederholte Greta neugierig.

«Ein seltener Diamant», erklärte Professor Hörlein. «Das Besondere ist nicht nur seine schwarze Farbe. Er hat auch einen ungewöhnlichen Schliff. Deshalb ist mir die Brosche sofort aufgefallen. Der schwarze Stein darauf war genauso geschliffen wie der Black Star.»

«Ach so», sagte Greta und schaufelte sich den letzten Rest Eis in den Mund.

Auch Hennes und Jasper schleckten und schmatzten nun wieder, während Wolke gedankenverloren auf ihrem Notizblock herumkritzelte.

Nur unter dem Tisch herrschte mit einem Mal Unruhe. Denn Möhre peitschte wild mit dem Schweif.

Zuerst achtete niemand darauf. Doch als er jetzt auch noch mit den Hufen scharrte, beugte Greta sich zu ihm runter und flüsterte: «Ich habe keine Waffeln mehr.»

Wieder stampfte Möhre mit den Hufen. Dann blinzelte er mit den Augen, nickte zum Professor, wackelte mit den Ohren und tippte schließlich mit den Nüstern an Gretas Schulter. Genau dorthin, wo sich die Brosche der goldenen Gräfin befunden hatte.

Zuerst guckte Greta verdutzt. Das waren ja auch gerade eine ganze Menge Geheimcodes auf einmal gewesen. Doch sie war nicht umsonst Möhres beste Dolmetscherin. Wenn jemand das übersetzen konnte, dann hoffentlich sie. Und du natürlich auch, denn du kannst ja hinten im Buch nachschlagen! Und wirklich! Nachdem Greta eine Weile grübelnd dreingeschaut hatte, schien sie zu begreifen.

Sie wendete sich zum Professor und fragte: «Wie ging

das eigentlich mit dem Black Star weiter? Ist der jemals wiederaufgetaucht?»

Professor Hörlein schüttelte den Kopf. «Nein. Die Polizei hatte damals die berüchtigte Meisterdiebin Ariane Zandagrande in Verdacht. Sie soll für viele spektakuläre Diebstähle auf der ganzen Welt verantwortlich sein. Nachweisen konnte man ihr bisher aber nie etwas. Und das ist auch ihr Markenzeichen. Genauso wie ihre Vorliebe für teuren Schmuck», fügte er hinzu. «Deshalb wurde sie in den Zeitungen auch *die Elster* genannt. Sie kommt und geht, frei wie ein Vogel, während sie ihr Nest mit schönen Dingen füllt.»

Auf einmal sprang Möhre wie ein Gummiball unter dem Tisch hervor. Er wieherte und legte die Ohren an.

«Ehrlich?», riefen die vier Apfeltaldetektive gleichzeitig. *Ohren anlegen* war nun mal ein glasklarer Code, den verstanden sie alle. «Wo denn?»

Als Antwort blinzelte Möhre in Richtung Bibliothek.

«Wenn das so ist, müssen wir sofort wieder hin», beschloss Greta.

«Jetzt gleich!», riefen Wolke, Hennes und Jasper.

Der Professor runzelte die Stirn.
«Ähm, habe ich was verpasst?»

«Ach, mir ist nur grade was eingefallen», erklärte Greta ausweichend und drängte zur Eile. Wenn sie Möhre richtig verstanden hatten, war der Dieb in diesem Augenblick in der Bibliothek!

Dort stellte sich aber heraus, dass Möhre bloß nach einem bestimmten Buch suchen wollte und gar kein Täter da war. Um die Kinder an das richtige Regal zu führen, brummelte er unter dem Mantel des Professors entweder leise oder stampfte mit den Hufen. «Heiß» oder «kalt» sollte das heißen. Er hatte vorhin ein Buch entdeckt, wo genau das drinstand, was er zu finden hoffte. Und wirklich! Bald erreichten sie das richtige Regal, und Greta fischte das von Möhre gewünschte Buch heraus.

«Adelshäuser in Europa» stand auf dem Buchdeckel. Alle sahen sich fragend an. Am meisten der Professor, doch zum Glück stellte er keine unbequemen Fragen. Darauf hätten die vier Apfeltaldetektive nämlich keine Antwort gehabt. Sie wussten ja selbst nicht, was das Minipony damit bezweckte. Welche Information glaubte Möhre hier zu finden? Aber weil sie schon mal hier waren, schlugen sie das Buch für ihn auf und suchten nach der einzigen adeligen Person, die ihnen auf die Schnelle einfiel. Natürlich nach Gräfin von Goldenberg.

«Das ist ja merkwürdig», sagte der Professor nach einer Weile. «Das Buch ist ganz neu. Darin müsste das Grafengeschlecht der von Goldenbergs gelistet sein. Hier steht aber nichts. Keine Ahnung, wieso.»

Die vier Apfeltaldetektive hingegen hatten jetzt sehr wohl eine Ahnung, nämlich dank ihres schlauen Inspektors!

«Weil es eine Gräfin von Goldenberg gar nicht gibt?!», flüsterten sie aufgeregt.

Prompt nickte Möhre, und mit einem Schlag hatten sie nun doch eine Spur. Und was für eine!

Beweise lügen nicht,
wenn man bloß welche hätte

Das kann ich mir beim besten Willen nicht vorstellen», murmelte Professor Hörlein, als sie zurück zum Kurhotel gingen und die Kinder ihm erklärten, welchen Verdacht sie hegten. «Gräfin von Goldenberg soll die Diebin sein?»

«Nicht die Gräfin», sagte Jasper leise, wobei er darauf achtete, dass niemand sie belauschen konnte. «Sondern die Elster.»

Zur Sicherheit guckte er schnell hinunter zu Möhre, der zur Bestätigung nickte.

«Nein!», hauchte der Professor daraufhin erschrocken. «Ihr meint, die goldene Gräfin ist bloß eine Verkleidung? In Wirklichkeit steckt Ariane Zandagrande dahinter? Die meistgesuchte Diebin weltweit? Und jetzt ist sie hier in Bad Wilbek?»

Die vier Apfeltaldetektive nickten. «Beweise lügen nicht», sagten sie und zählten sie prompt auf.

«Da ist erstens die Tatsache, dass die goldene Gräfin

gar keine echte Gräfin ist», erklärte Hennes. «Sonst hätten wir sie im Buch gefunden.»

«Zweitens trägt sie einen Schmuckstein, der dem Black Star zum Verwechseln ähnlich sieht», erinnerte Jasper.

Möhre schnaubte: «Deshalb hat sie vorhin auch so komisch reagiert, als Sie den Stein erkannt

haben.» Doch das konnten natürlich weder der Professor noch die Kinder verstehen.

«Drittens», sagte jetzt Greta. «Ariane Zandagrande wird *die Elster* genannt. Das haben Sie vorhin selbst gesagt. Und auf der Brosche der Gräfin war eine Elster zu sehen.»

«Ja, schon», gab der Professor zu. «Aber das muss nicht gleich bedeuten, dass sie meine Schatzkarte gestohlen hat.»

«Na ja», überlegte Wolke. «Die Gelegenheit dafür hatte sie mit Sicherheit. Und ist es nicht seltsam, dass sie ständig da aufkreuzt, wo wir sind? Wenn wir nach dem Schatz suchen?»

«Oh», machte der Professor mit einem Mal. «Wenn ich jetzt so darüber nachdenke, fällt mir ein, dass die Gräfin – oder eben *die Elster*», verbesserte er sich hastig, «na ja, dass wir uns ein paarmal im Park über den Weg gelaufen sind, als ich nach dem Schatz gesucht habe. Außerdem waren wir gemeinsam bei der Rückengymnastik, als meine Schatzkarte gestohlen wurde.»

Möhre brummelte. Er hatte schon vermutet, dass es sich so zugetragen haben musste. Doch weil der Professor in den Pony-Geheimcode ja nicht eingeweiht war, antwortete Greta für ihn: «Wir haben Ihren Schatzkartendieb gefunden!»

Da blieb Professor Hörlein wie angewurzelt stehen. «Wenn das so ist, müssen wir sofort die Polizei verständigen. Mit der *Elster* soll nicht gut Kirschen essen sein», fügte er beunruhigt hinzu.

Da war was Wahres dran. Ariane Zandagrande war eine international gesuchte Diebin, und mit solchen Kalibern hatten es die vier Apfeltaldetektive und Inspektor Möhre bisher noch nie zu tun gehabt.

Die Kinder schwiegen einen Moment beeindruckt, dann sah Wolke Hennes an und fragte: «Kennst du nicht den Inspektor von Bad Wilbek? Er könnte uns helfen.»

Hennes nickte. «Ja, schon», gab er zögernd zur Antwort. «Tom Herriett ist ein Freund von meinen Eltern. Nur was sollen wir ihm sagen? Unsere Beweise sind derzeit noch etwas mickrig. Was ist, wenn er uns gar nicht glaubt?»

«Dann müssen wir eben mehr Beweise sammeln», sagte Jasper entschieden, und Hennes stimmte ihm prompt zu.

Greta und Wolke hingegen guckten unsicher. Und auch

der Professor schien von der Idee nicht besonders überzeugt zu sein.

«Hey, Leute!», sagte Hennes, der von ihnen der Mutigste war. «Wir können doch nicht einfach so aufgeben!»

«Genau», bestätigte Jasper, der nun mal Rätsel liebte. «Und ich habe auch eine Idee, wie wir das anpacken könnten: Wir tun einfach so, als würden wir nicht mehr nach dem Schatz suchen. Natürlich spionieren wir dabei die *Elster* aus. Denn die muss ja dann selber suchen und wird sich dabei verraten.»

Möhre brummelte anerkennend. Das war eine superduper Idee, dachte er. Und besonders gefährlich klang der Plan auch nicht. Außerdem musste ja irgendwer der diebischen Elster endlich mal das Handwerk legen. Warum nicht vier Kinder und ein Minipony?!

Das fanden die anderen nach einer kurzen Lagebesprechung ebenfalls. Und sogar der Professor gab daraufhin grünes Licht. Flugs hefteten sie sich also an die Fersen von Ariane Zandagrande, während sie so taten, als würden sie sich bloß die Zeit vertreiben.

Hennes und Jasper kickten sich im Park Kieselsteine zu.

Wolke saß auf dem Kurparkrasen und kritzelte in ihrem Notizblock herum.

Greta kraulte Möhre den Popo, weil er das am liebsten mochte.

Und der Professor machte glatt ein kleines Nickerchen auf einer der Parkbänke. Denn nach der ganzen Herumlauferei hatten seine steifen Beine dringend eine Pause nötig.

Doch es war wie verhext. Die goldene Gräfin – oder besser: *die Elster* – tat daraufhin auch so, als würde sie sich bloß die Zeit vertreiben. Sie saß in der Sonne, las in einem Buch, und später aß sie in aller Ruhe einen Apfel. Verdächtig sah anders aus, und bald hegten die vier

Apfeltaldetektive den Verdacht, dass Ariane Zandagrande ihren Plan längst durchschaut hatte.

«Sie weiß, dass wir was wissen», murmelte Wolke, nachdem eine Weile nichts passiert war.

«Sag ich doch, dass sie schlau ist», flüsterte der Professor, der eben von seinem Mittagsschläfchen erwacht war. «Sie ist eine Nummer zu groß für uns!»

Bei dem Wort *groß* blinzelte Greta mit einem Mal. Na, klar, dachte sie. Das war das Problem! Sie hatten die ganze Zeit viel zu groß gedacht. Dabei mussten sie kleiner denken, miniponyklein! Nicht umsonst hatten sie eine Geheimwaffe, die keine Polizei der Welt besaß. Um mit Möhre die Lage zu besprechen, mussten sie aber erst mal den Professor loswerden.

Kurze Zeit später hatten sie Glück. «Tut mir leid», sagte Professor Hörlein und erhob sich von der Parkbank. «Ich muss jetzt zu meiner Nachmittags-Kurbehandlung. Macht inzwischen nichts Gefährliches, hört ihr? Kein Schatz auf dieser Welt ist das wert.»

Die vier Apfeltaldetektive nickten. «Klar doch», sagten sie.

Doch kaum war der Professor weg, flüsterte Hennes abenteuerlustig: «Wir könnten heimlich das Zimmer der Elster durchsuchen, wenn sie auch in einer Kurbehandlung ist?!»

«Ich habe eine bessere Idee», entgegnete Greta. «Möhre soll sie für uns ausspionieren.»

Das fanden jetzt alle gleichsam gut. Schließlich war Möhre der Beste, wenn es ums Beweisesammeln ging. Und nicht einmal die Elster wäre so schlau, sein Geheimnis zu durchschauen.

Also sprang der Inspektor auf die Hufe und trabte munter davon. In Richtung Gebüsch, wo Ariane Zandagrande immer noch auf einer Parkbank saß und so tat, als würde sie lesen.

Die vier Apfeltaldetektive hingegen gingen zurück zur Waldvilla. Dort wollten sie auf Möhre warten, in der Hoffnung, dass er ihnen bald etwas Wichtiges berichten konnte.

Und wirklich! Kaum waren Greta, Wolke, Hennes und Jasper weg, stand Ariane Zandagrande in ihrem Gräfinnenkostüm auf und ging davon.

Auf leisen Hufen tippelte Möhre ihr hinterher. Anscheinend wollte die Diebin noch einmal zum Brunnenhäuschen. Dabei wirkte sie ungewöhnlich nervös. Ständig blieb sie stehen und sah sich verstohlen um. Zuerst dachte Möhre, er wäre vielleicht zu unvorsichtig gewesen und sie hätte ihn entdeckt. Doch als

die Bäume im Kurpark wieder dichter standen und die Schatten kühler wurden, hörte er Ariane Zandagrande leise aufstöhnen: «Oh, bitte! Jetzt bloß keine Wildschweine! Es gibt nichts, wovor ich mich mehr fürchte als vor diesen grässlichen Viechern.»

Dann ging sie schnurstracks weiter bis zu jener Stelle, wo der Schatz versteckt sein musste, und zog prompt die gestohlene Schatzkarte hervor.

Superduper, dachte Möhre triumphierend hinter den Büschen. Das war Beweis genug! Leise wollte er sich schon wegschleichen, um den Kindern davon zu erzählen, als Ariane Zandagrande etwas sehr Merkwürdiges tat.

Sie griff nach ihrer Brosche, nahm sie ab und steckte sie hastig in die Tasche. Dann faltete sie die gestohlene Schatzkarte wieder zusammen, stopfte sie in die andere Jackentasche und ging dann so rasch davon, als hätte sie soeben einen Entschluss gefasst. Und zwar, erst mal aus Bad Wilbek zu verschwinden, bis Gras über die ganze Sache gewachsen war. Den Schatz konnte sie auch später noch holen. Am besten dann, wenn der neugierige Professor und die noch neugierigeren Kinder nicht mehr hier waren.

Augenblicklich schlugen bei Möhre sämtliche Alarmglocken – was nichts anderes bedeutete, als dass seine Hufe kribbelten. Die Elster wollte abhauen, da war er sich jetzt sicher. Wie der Blitz galoppierte Möhre in Richtung Waldvilla. Denn eines stand fest: So kurz davor durfte die Elster ihnen auf keinen Fall entwischen!

Zwischen Stadt, Wald und Kur

sind die Apfeltaldetektive der Diebin auf der Spur

Im gestreckten Flitzegalopp sauste Möhre auf die Waldvilla zu.

Zicki und Zacki sowie Bruno Schokowuschel nahmen das prompt als Grund, ihn freudig zu begrüßen.

«Da bist du ja wieder», grunzte Zicki unter seinem so ungewohnt flauschigen Wollschweinhaar.

«Und?», quiekte Zacki neugierig. «Hast du den Schatz gefunden?»

Möhre hatte seinen allerbesten Freunden natürlich von dem Fall erzählt, doch jetzt war keine Zeit, sie auf den neuesten Stand zu bringen. Rasch flitzte er stattdessen zu den Kindern und wieherte: «Gefahr in Verzug! Die Elster will abhauen!»

Klar, dass die vier Apfeltaldetektive das nicht sofort verstanden. Doch Möhre turnte, tänzelte und drehte sich so lange, bis sie begriffen, was los war.

«Ariane Zandagrande will untertauchen?», fragte Hennes.

Heftig nickte Möhre.

«Ganz schön schlau von ihr», meinte Wolke. «So würde ich es auch machen.»

«Aber das dürfen wir nicht zulassen», rief Greta.

«Ja, wir brauchen einen Plan!», sagte Jasper und wandte sich an Möhre. «Hast du denn einen stichfesten Beweis bei ihr gefunden?»

Wieder nickte Möhre und malte als Antwort ein Bündel Möhren in die Erde.

Zufrieden nickte Jasper. «Sie hatte also die gestohlene Schatzkarte dabei. Wenn das nicht Beweis genug ist!»

«Jetzt kannst du den Inspektor anrufen», riefen Greta und Wolke freudig.

Doch Hennes schüttelte den Kopf. «Ich nicht, aber ich weiß jetzt, wie wir es am besten machen. Der Professor muss die Schatzkarte als gestohlen melden», erklärte er. «Und dann ruft einer von euch an und gibt einen Hinweis, wo sich die Karte befindet. Natürlich anonym. So muss Tom Herriett der Sache nachgehen, ob er will oder nicht.»

«Nicht schlecht», gab Greta zu. «Aber wieso muss unbedingt einer von uns anrufen?»

«Na, weil er meine Stimme kennt», antwortete Hennes.

Als Greta und Wolke darauf nichts sagten, seufzte Jasper: «Na gut. Ich mach's. Aber lasst uns keine Zeit mehr verlieren. Wir müssen zum Professor, bevor es zu spät ist.»

Rasch machten sich die vier Apfeltaldetektive und Inspektor Möhre also auf den Weg. Doch kaum waren sie losgerannt, hörte Möhre wildes Geschnaufe und Gegrunze hinter sich.

«Was macht ihr denn da?», rief er, als

er sah, wie Zicki, Zacki und Bruno Schokowuschel ihnen folgten.

«Na, wir wollen mit», grunzte Zicki.

«Ja, die ganze Zeit nur rumsitzen ist blöd», quiekte Zacki. «Wir sind doch jetzt stadtfein. Hast du selbst gesagt.»

«Genau», bellte Bruno Schokowuschel und hechelte.

«Von mir aus», schnaubte Möhre. «Aber passt bloß auf, dass ihr nicht zu viel Aufsehen erregt. Jetzt muss es nämlich schnell gehen.»

«Oinkidoinki», quiekte Zacki fröhlich, und Zicki grunzte: «Grunzoklaro! Du kannst dich auf uns verlassen.»

Und wirklich! Als sie das Kurhotel erreichten, huschten die drei so schnell hinter die Büsche, als wären sie gar nicht hier. Das war gut, denn so konnten die Kinder dem Professor, der zufälligerweise gerade aus der Tür des Hotels kam, flugs erklären, welchen Plan sie hatten.

«Von mir aus», seufzte Professor Hörlein. «Ich gehe aufs Polizeirevier, wenn ihr mir versprecht, dass ihr solange keinen Unsinn macht.» Er fischte sein Handy aus der Manteltasche. «Damit könnt ihr am Revier anrufen. Bestimmt wisst ihr, wie man die Rufnummer unterdrückt?!» Er sah die Kinder fragend an. «Ich habe einmal in einem Kriminalroman davon gelesen, dass so etwas geht. Der Inspektor muss ja nicht unbedingt wissen, dass ihr von meinem Handy aus anruft. Sonst ist das ein bisschen merkwürdig. Schließlich bin ich es ja auch, der die Karte als vermisst meldet.»

Jasper grinste. «Keine Sorge, ich mach das schon», sagte er lässig und griff nach dem Telefon. Jasper war nicht umsonst das Technikgenie der Apfeltaldetektive.

Der Professor wirkte dennoch ziemlich nervös, als er sich humpelnd auf den Weg zur Polizei machte.

Kaum war sein brauner Mantel um die Ecke verschwunden, meinte Hennes: «Er wird mit seinen steifen Beinen ungefähr fünf Minuten brauchen, bis er dort ist. Solange sollten wir ihm Zeit geben und mit dem Anruf warten.»

Greta, Wolke und Jasper nickten, als urplötzlich etwas Goldenes im Hoteleingang aufblitzte.

«Die Elster», zischte Greta und zog ihre Freunde und Möhre blitzschnell um die Ecke. Aus sicherer Entfernung beobachteten sie, wie Ariane Zandagrande aus dem Hotel kam und tatsächlich einen Koffer hinter sich herzog.

«Oh nein», hauchte Wolke. «Sie will wirklich abreisen!»

«Das müssen wir verhindern», flüsterte Jasper.

«Wie denn?», zischte Hennes. «Der einzige Grund, warum sie jetzt doch bleiben würde, ist der Schatz.»

«Das ist es», murmelte Greta, und auf ihr Gesicht schlich sich ein schlaues Grinsen. «Wir spielen ihr einfach vor, dass wir den Schatz gefunden haben. Dann folgt sie uns bestimmt. Bis dahin ist Tom Herriett da und kann sie festnehmen.» Sie sah sich um und griff nach einer Schaufel, die der Gärtner wohl bei einem Beet liegen gelassen hatte, als er krank geworden war. Jetzt grinste sie noch breiter. «Lasst uns so tun, als würden wir den Schatz ausgraben. Abgemacht?»

Die drei nickten zustimmend. Möhre hingegen wollte noch etwas sagen, doch Greta, Wolke, Hennes und Jasper waren jetzt so voller Tatendrang, dass sie nicht bemerkten, wie er mit den Hufen scharrte.

Stattdessen gingen sie schnurstracks mit der Schaufel bewaffnet um die Ecke. Dabei taten sie so, als würden sie Ariane Zandagrande gar nicht bemerken. Die vier flüsterten und tuschelten und achteten darauf, dass die Elster auch ja hören konnte, was sie sagten: «Unglaublich, dass wir den Schatz gefunden haben. Jetzt müssen wir ihn nur noch ausgraben. Dann gehört der ganze Goldschmuck uns allein!»

Und während sie den Weg zum alten Brunnenhäuschen einschlugen, stand Möhre hinter der Ecke und stöhnte: «Oh Ponyweia!Vor lauter Aufregung haben sie etwas total Wichtiges vergessen!»

Na, weißt du vielleicht, was Möhre damit meinte? Ja, genau! Der Anruf! Vor lauter Aufregung hatten die Kinder vergessen, den Inspektor anzurufen. Tom Herriett würde ja nur kommen, wenn er einen anonymen Hinweis auf die Elster bekam! Jetzt aber ging das nicht mehr, weil Ariane Zandagrande den Kindern bereits folgte. Hennes hatte nämlich völlig recht gehabt. Die Elster konnte Goldschmuck einfach nicht widerstehen!

«Was mache ich denn jetzt? Ich bin doch ganz allein hier. Und die Kinder sind in großer Gefahr», stammelte Möhre und blickte panisch um sich, in der Hoffnung, dass vielleicht Oma Astrid gerade des Weges kam. Doch verflixt noch mal, es war niemand zu sehen. Ob er Ariane Zandagrande einfach aufhalten sollte? Er ganz allein? Er war zwar nur ein kleines Minipony, aber auch kleine Miniponys können treten und beißen, wenn es die Situation erfordert. Möhre wollte also schon losdüsen, als er ein vertrautes Grunzen, Quieken und Bellen hinter den Büschen vernahm. Das klang so herrlich, dass er seinen Freunden am liebsten einen Nüsternstupser verpasst hätte. Er war ja gar nicht allein!

Aufgeregt wieherte Möhre: «Wie gut, dass ihr da seid! Ihr müsst mir helfen, die Kinder zu retten.» Und rasch erzählte er, was geschehen war. «Bruno, du hast doch die beste Schnüffelnase der Welt. Folge der Spur des Professors! Sie wird dich zum Polizeirevier bringen. Dort musst du ordentlich Krawall schlagen, damit der Professor kapiert, dass die Kinder Hilfe brauchen.» Er sah den schokobraunen Hund an. «Wirst du das schaffen?»

«Jawuff», bellte Bruno Schokowuschel und senkte

augenblicklich die Nase zu Boden. Einige Sekunden später rannte er auch schon mit wedelndem Schwanz davon.

«Und wir?», grunzte Zicki.

«Wir wollen auch helfen», quiekte Zacki.

Ach, wie toll es doch war, Freunde zu haben, dachte Möhre. Mit ihnen an seiner Seite fühlte er sich gleich besser. Auch wenn ein Inspektor stets viel Mut besitzen muss, heißt das noch lange nicht, dass er nicht auch einmal Angst haben darf. Und die hatte Möhre jetzt, und zwar um die Kinder. Er glaubte dem Professor nämlich aufs Wort, dass mit der Elster nicht gut Kirschen essen war.

«Kommt mit», schnaubte er den beiden Wollschweinen zu. Und schon rannten sie den Parkweg entlang. Es war Abendessenszeit und der Park wie ausgestorben.

«He, da geht es ja zum Superschlamm», grunzte Zicki begeistert, als wenig später das alte Brunnenhäuschen vor ihnen auftauchte. «Ich könnte schnell ... ach so.» Er senkte schuldbewusst den Rüssel. «Ich soll ja stadtfein aussehen.»

«Und außerdem wollen wir die Kinder retten. Schon vergessen?», erinnerte Zacki ihn und blinzelte unter seinen Löckchen zu Möhre rüber. «Was sollen wir jetzt tun?»

Wenn ich das bloß wüsste, dachte Möhre. Denn ziemlich verlassen lag das Brunnenhäuschen vor ihnen. Von den Kindern fehlte jede Spur. Und von der Elster ebenso.

Doch auf einmal bewegte sich etwas. Ariane Zandagrande trat aus dem Brunnenhaus und verriegelte blitzschnell die Tür hinter sich. Dann lachte sie eisig. «Hahaha! So schnell kommt ihr da erst mal nicht mehr raus. Der Schatz gehört mir! Habt ihr das verstanden, ihr Rotzlöffel? Selber schuld, wenn man sich mit der Elster anlegt! Mich kriegt keiner!» Eifrig blickte sie um sich. «Wo ist denn jetzt der Schatz?»

Da sah Möhre, wie Greta, Wolke, Hennes und Jasper aus einem der Fenster im Brunnenhaus guckten.

«Lassen Sie uns raus!», rief Jasper und schwenkte dabei das Handy. «Die Polizei ist gleich auf dem Weg!»

Die Elster lachte noch eisiger. «Glaubt ihr wirklich, ich falle darauf rein? Hier ist ein Funkloch – du kannst gar nicht telefonieren. Außerdem habe ich vor nichts Angst. Na gut, außer vor Wildschweinen. Aber ihr habt selbst gesagt, dass es hier keine gibt. Und jetzt raus mit der Sprache, bevor ich unangenehm werde. Wo ist der Schatz?!»

«Was sagt denn diese komische Frau? Und warum schaut sie so fies?», quiekte Zacki, der das Geschehen aus sicherer Entfernung beobachtete.

«Der würde eine Portion Superschlamm nicht schaden!», grunzte Zicki. «Dann würde sie nicht mehr so finster dreinschauen.»

«Hihi», kicherte Zacki, doch Möhre war das Lachen vergangen.

Die Kinder saßen in der Falle. Und er konnte nichts tun, außer darauf zu hoffen, dass Bruno Schokowuschel es rechtzeitig schaffte, den Inspektor hierherzubringen. Hoffentlich war es bis dahin nicht zu spät, denn die Elster schien allmählich die Geduld zu verlieren. Böse kniff sie die Augen zu und griff nach der Schaufel, als wollte sie gleich etwas sehr Fieses anstellen, als Möhre mit einem Mal einen Geistesblitz hatte.

«Na klar», hauchte er. «Die Elster hat es selbst gesagt. Sie hat vor nichts Angst, außer vor: Wildschweinen! Das ist die Lösung!»

Zicki und Zacki retten die Kinder, doch Donni funkt dazwischen

Aufgeregt drehte Möhre sich zu den beiden Wollschweinen. «Ihr müsst zum Schlammloch!», rief er. «Jetzt! Sofort!»

«Echt?», grunzte Zicki verblüfft. «Ich dachte, in der Stadt mögen sie keinen Dreck.»

«Jetzt schon», schnaubte Möhre. «Und spart ja nicht damit, hört ihr? Ihr sollt wie wilde Wildschweine aussehen, denn vor denen fürchtet sich die Elster! So können wir die Kinder retten.»

«Oinkidoinki», quiekte Zacki. «Wenn das alles ist!»

«Ja, nichts leichter als das», grunzte Zicki und grinste von einem Schweinchenohr zum anderen, ehe er seinem Bruder auch schon hinterherwuselte.

Bange Sekunden verstrichen, und Möhre blickte mit angehaltenem Atem auf das Brunnenhaus. Die Elster hatte noch immer dieses fiese Grinsen im Gesicht, das Möhre ganz und gar nicht gefiel. Doch zum Glück hörte er wenige Augenblicke später das erlösende Knacksen im Unterholz.

Auch die Elster hatte es gehört. «Was war das?», fragte sie und blickte sich argwöhnisch um.

«Jetzt», zischte Möhre – und da sprangen Zicki und Zacki wie die wildesten Wildschweine aus den Büschen. Dabei wuselten sie im rasenden Schweinchenzickzack grunzend und quiekend auf die falsche Gräfin zu, während ihre Borsten nur so vor Dreck in alle Richtungen standen.

«Wiiildschweiiineee», kreischte sie, als ihr schlimmster Albtraum wahr wurde. Die falsche Gräfin ließ die Schaufel fallen, drehte sich um und rannte so schnell, wie es in ihren Stöckelschuhen ging, davon.

«Hehehe», grunzte Zicki, der ihr mit Karacho hinterherdüste. «Das ist ja ein Riesenspaß hier mit dieser Frau!»

«Warte auf mich», quiekte Zacki. «Ich will auch mal!»

Und schon sauste er im Schweinsgalopp hinter Zicki und der Elster her.

«Puh!», stöhnte Möhre. Das war vielleicht knapp gewesen! Schnell trabte er jetzt hinüber zum Brunnenhaus, um die Kinder zu befreien. Doch die Elster war so raffiniert gewesen und hatte den Querriegel fest ins Schloss geschoben. Möhre stupste, was das Zeug hielt, doch der Riegel saß fest.

«Tut mir leid», nuschelte er durch das Fenster, aus dem Greta, Wolke, Hennes und Jasper sich die Nasen platt drückten. «Ich kriege das Schloss nicht auf.»

Die Kinder verstanden zwar nicht wörtlich, was Möhre gesagt hatte. An seinem betrübten Miniponygesicht erkannten sie es aber auch so.

«Das ist jetzt gar nicht so wichtig», rief Greta von drinnen. «Halte sie lieber auf. Die Elster darf nicht entkommen!»

«Jetzt schon gar nicht, wo sie uns eingesperrt hat», beschwerte sich Jasper.

«Hätten wir bloß nicht vergessen, Tom Herriett anzurufen», murmelte Hennes betrübt. «Er könnte uns jetzt helfen!»

Nur Wolke sagte mal wieder nichts. Stattdessen blätterte sie in einem der Bücher, die sie immer im Rucksack mit sich trug, und murmelte: «Darin steht irgendwo, wie man so ein Schloss knacken kann. Man braucht bloß einen dünnen Draht in den Türspalt zu schieben und damit den Riegel auszuhebeln ...»

«Seid ihr euch sicher?», schnaubte Möhre. Vor lauter Aufregung hatte er Wolke gar nicht zugehört.

Greta, Hennes und Jasper wohl auch nicht, denn sie riefen: «Lauf! Halt die Elster auf!»

Also galoppierte Möhre, so schnell er konnte, der Elster und den beiden Wollschweinen hinterher. Lange musste er nicht rennen, bis er sie eingeholt hatte.

Gerade grunzte Zicki aufgebracht: «Was macht Lord Dummi denn da?»

Und Zacki quiekte: «Ich glaube, mein Schweinchen pfeift! Lässt Donni die fiese Frau etwa aufsteigen?»

Jetzt sah Möhre es auch. Als Ariane Zandagrande zur Weide der Ponys gekommen war, hatte Lord Donnerheim sich an den Koppelzaun gestellt und wichtig darüber hinweggeschaut. «Sind Sie nicht die Gräfin?», wieherte er ihr nun schleimerisch zu. «Wissen Sie, ich bin ein Lord! Kein Wunder, dass Sie mich so toll finden!»

Die Gräfin verstand kein Wort, was Donni auf der anderen Zaunseite vor sich hin brabbelte, doch eines verstand sie sehr wohl: nämlich dass sie mit einem Pferd zehnmal schneller sein würde als mit ihren goldenen Stöckelschuhen. Und ehe Möhre sichs versah, hatte Ariane den Zugang zur Koppel geöffnet und sich auf Donnis Rücken geschwungen.

«Was machen Sie denn da?», schnaubte das lackschwarze Pony empört. Doch als Ariane Zandagrande ihm die Fersen in die Seite grub, schüttelte Donni seine lackschwarze Mähne und wieherte: «Sie finden mich wirklich toll, oder? Aber das ist ja kein Wunder. Ich bin schließlich ein echter Lord. Und jetzt will ich Ihnen das auch beweisen. Halten Sie sich gut fest, meine Liebe. Los geht's!» Und dann warf Donni seine vier Hufe in die Luft, dass bald nur noch sein wehender Schweif und der goldene Hut der Elster am Horizont zu sehen waren.

«Ach du liebes Pony!», schnaubte Möhre, während er den beiden hinterherblickte. «Das glaub ich jetzt nicht!»

Wäre die Situation nicht so brenzlig gewesen, hätte er glatt gelacht. Mit dieser Aktion hatte Lord Dummi den Vogel abgeschossen und seinem Spitznamen alle Ehre gemacht. Ein Gutes besaß die Sache aber schon. Die Elster

hatte sich für ihre Flucht ein sehr eingebildetes Pony ausgesucht. Es würde ein Leichtes sein, die beiden einzuholen. Donni achtete ja stets darauf, die Hufe so vornehm wie möglich in die Luft zu schwingen. Der Schnellste war er damit nicht.

«Kommt», rief Möhre Zicki und Zacki zu. «Wir schneiden ihnen den Weg ab und treiben sie in Richtung Kurhotel. Mit ein bisschen Glück treffen wir dort auf Bruno Schokowuschel und den Menschen-Inspektor!»

«Grunzoklaro», grunzte Zicki und legte sich mit Zacki voll ins Zeug. Auch Möhre gab alles, und flugs hatten sie Donni und die Elster umzingelt.

«He, was soll denn das?», wieherte Lord Donnerheim verärgert, der soeben eine grazile Pirouette drehte. «Ihr macht mir ja die ganze Show kaputt!»

Von Donnis Show war die Elster aber ohnehin nicht begeistert. «Du dummes Vieh! Was machst du denn?», schimpfte sie auf seinem Rücken, als er sich erneut um die eigene Achse drehte. «Du sollst laufen, nicht herumhüpfen!»

«Du weißt aber schon, dass du da gar keine echte Gräfin herumschleppst», schnaubte Möhre Donni zu. «Sondern eine ziemlich dreiste Diebin. Und wenn du sie jetzt weiterhin auf dir reiten lässt, machst du dich auch strafbar!»

«Was?» Augenblicklich stemmte Lord Donnerheim seine Hufe in die Wiese. Das gefiel der Elster noch weniger, und wütend klatschte sie mit der Hand auf sein Hinterteil. «Jetzt lauf endlich, du Mistvieh!», schrie sie.

Das wiederum gefiel Donni nicht. «Laufen Sie doch selber!», schnaubte er empört und katapultierte Ariane Zandagrande mit einem einzigen Hopps ins Gras. Ver-

ächtlich blickte er auf sie hinab und wieherte: «Hab ich mir doch gleich gedacht, dass Sie keine echte Gräfin sind. Ihr Reitstil ist miserabel, verehrte Dame!» Und mit erhobenem Kopf trabte Donni zurück zu seiner Herde.

Etwas zerknautscht vom Sturz saß die Elster auf der Wiese, als plötzlich lautes Hundegebell ertönte.

«Perfektes Timing», wieherte Möhre erleichtert und sah, wie Professor Hörlein mit Bruno Schokowuschel und Tom Herriett im Schlepptau auf sie zugeeilt kam.

Augenblicklich tat Ariane Zandagrande wieder so, als wäre sie die goldene Gräfin. «Gut, dass Sie da sind», schniefte sie. «Das kleine Pony hier hat mich getreten! Und überall sind Wildschweine. Sie müssen mir helfen!»

Tom Herriett runzelte die Stirn. «Aber das sind doch im Leben keine Wildschweine», meinte er und half Ariane Zandagrande auf die Beine. «Außerdem sollten Sie nie ohne Erlaubnis eine fremde Ponyweide betreten.»

«Sie haben ja so recht», hüstelte die Elster theatralisch. «Aber aus Angst vor den Wildschweinen bin ich wohl versehentlich auf die Weide geraten.» Sie linste unsicher zu Zicki und Zacki hinüber. «Und das sind wirklich keine Wildschweine?»

Tom Herriett lächelte. «Eher Wollschweine», antwortete er. «Etwas dreckige, wohlgemerkt.»

«Dann kann ich ja beruhigt sein. Vielen Dank für Ihre Hilfe!»

Die Elster schickte sich an zu gehen, als der Inspektor sagte: «Moment mal, nicht so hastig! Ich bin Inspektor Tom Herriett. Und ich bin hier, weil eine Anzeige wegen Diebstahls gegen Sie vorliegt. Würden Sie also bitte einmal Ihre Tasche leeren?»

Hoppla, dachte Möhre, während die Elster empört nach Luft schnappte. Dann hatte der Professor dem Menschen-Inspektor also doch alles erzählt. Ein Glück für sie! Und ein Pech für die Elster, die jetzt schnarrte: «So eine Unverschämtheit! Wissen Sie denn nicht, wer ich bin? Ich bin Gräfin von Goldenberg!»

«Jaja», murmelte der Inspektor unbeeindruckt. «Wenn Sie nichts zu verbergen haben, brauchen Sie sich ja auch keine Sorgen zu machen.» Und dann griff er einfach selbst in ihre Tasche. Schon kam die gestohlene Schatzkarte zum Vorschein. «Ist sie das?», fragte er.

Professor Hörlein nickte.

«Ach, darum geht es», zwitscherte die Elster auf einmal honigsüß. «Das hätten Sie doch gleich sagen können. Wissen Sie, ich habe den Zettel vorhin gefunden und wollte ihn eben bei der Kurrezeption abgeben. Er scheint wichtig zu sein ...»

«Soso», murmelte der Inspektor. Es war ihm anzusehen, dass er ihr nicht glaubte. Doch dummerweise konnte er auch nicht das Gegenteil beweisen. Höchste Zeit, dass sich der zweite Inspektor einschaltete. Natürlich Möhre. Er stupste mit den Nüstern auf die andere

Seite von Ariane Zandagrandes Jacke. Nämlich auf die Tasche, in der sich die Brosche befand.

«Lass das, du dummes Ding», fauchte die Elster empört, was Tom Herriett sofort verdächtig vorkam. Ein weiterer Griff in die andere Tasche förderte dann auch schon das Schmuckstück zutage. «Donnerwetter», rief er, als er auf den funkelnden schwarzen Diamanten in der Mitte der Brosche starrte. «Träume ich? Oder ist das der Black Star? Wieso hat das Pony das gewusst?»

Der Professor zuckte mit den Schultern. «Keine Ahnung! Aber ich habe Ihnen ja gesagt, dass Gräfin von Goldenberg bloß eine Tarnung ist.»

Tom Herriett überlegte nicht lange und legte der Elster Handschellen an.

Da kamen plötzlich die vier Apfeltaldetektive über die Wiese gerannt.

«Alles ist gut! Wir sind hier! Wolke hat herausgefunden, wie man das Schloss von innen knackt», rief Greta.

Und Hennes jubelte: «Cool! Es hat geklappt! Sie haben die falsche Gräfin geschnappt!»

«Was machst du denn hier?», fragte Tom Herriett, als er Hennes sah. «Kannst du mir verraten, was los ist?»

«Klar doch!», sagte Hennes stolz. «Wir haben der Elster das Handwerk gelegt. Wir alle gemeinsam!»

Da riss Tom Herriett die Augen auf. «*Die Elster*, sagst du? Die meistgesuchte Diebin weltweit? In jeder Polizeistation des Landes hängt ihr Fahndungsprofil. Und das soll wirklich Ariane Zandagrande sein?»

Beinahe ehrfürchtig blickte er auf die falsche Gräfin, die vehement den Kopf schüttelte. «Das ist eine dreiste Lüge!», wetterte sie.

Die vier Apfeltaldetektive jedoch nickten. «Beweise lügen nicht», sagten sie, woraufhin Tom Herriett meinte: «Das müsst ihr mir genauer erzählen. Kommt mit aufs Revier!»

REVIER

Auf dem Polizeirevier
macht es plötzlich *klick*

Was für ein Glück, dachte Möhre, als sie alle gemeinsam dem Menschen-Inspektor folgten. Nicht nur dass es ihnen nun doch gelungen war, Ariane Zandagrande das Handwerk zu legen. Er wollte auch schon immer einmal eine echte Polizeistation von innen sehen. Bislang kannte Möhre so etwas ja nur aus dem Fernsehen, wenn er mit Oma Astrid den Sonntagskrimi guckte. Nur war das aber nicht dasselbe. Denn Möhre wusste inzwischen, dass Fernsehen und das wirkliche Leben oft nicht viel gemeinsam hatten. Umso neugieriger war er jetzt, als er mit den Kindern und dem Professor die Wache betrat.

Zicki und Zacki mussten allerdings draußen vor dem Eingang bleiben. Sie waren ja noch voller Schlamm! Netterweise leistete ihnen Bruno

Schokowuschel Gesellschaft. Niemand jedoch störte sich daran, dass Möhre mitkam. Es schien die selbstverständlichste Sache der Welt zu sein, dass ein Minipony durch die Polizeistation von Bad Wilbek marschierte.

Tom Herriett brachte Ariane Zandagrande rasch in eine der Zellen. «Mit Ihnen beschäftige ich mich gleich», sagte er zu ihr, während er den Schlüssel im Schloss umdrehte und die Elster finster durch die Gitterstäbe starrte. «Vorher muss ich dringend ein paar Fragen klären. Und zwar mit euch!» Er sah die Kinder und den Professor an. Und ja, auch Möhre!

Also gingen sie in das Büro des Inspektors, und dort erzählten die vier Apfeltaldetektive, was im Kurpark alles geschehen war. Tom Herriett hörte ihnen aufmerksam zu. Möhre sah sich in der Zwischenzeit ein bisschen um. Er kannte den Tathergang schließlich, aber ein echtes Inspektorbüro hatte er noch nie gesehen! Und Möhre stellte staunend fest, dass es sich von ihrem Detektivbüro im Pfannkuchenhof gar nicht so sehr unterschied! Zwar saß der Menschen-Inspektor anstatt auf Heuballen auf einem Bürostuhl. Und er hatte einen Computer, während sie Wolke und ihre Bücher hatten. Doch die große Pinnwand an der Wand, die sah genauso aus wie in ihrem Heulager. Die benutzten sie immer, wenn sie ihre Beweise sammelten. Und genau das machte der Menschen-

Inspektor jetzt auch, als er die Original-Schatzkarte von Chantal Nachtigall an seine Wand pinnte.

Schweigend betrachtete Tom Herriett einige Sekunden lang den Zettel mit der Karte und den Reim darauf, ehe er fragte: «Und? Habt ihr den Schatz gefunden?»

Die vier Apfeltaldetektive schüttelten die Köpfe. «Nein, der ist irgendwie unauffindbar», seufzten sie.

«Macht euch nichts draus», tröstete Tom Herriett die Kinder. «Ihr habt stattdessen etwas viel Wichtigeres gefunden, nämlich Ariane Zandagrande.» Und dann stellte er wieder Fragen über Fragen, die den drei Wees

gar nicht so unähnlich waren, während Möhre weiterhin die Schatzkarte ansah.

Bisher hatte er ja nur einmal einen ganz kurzen Blick darauf werfen können. Nämlich zu Anfang, als Professor Hörlein im Park damit herumgeschlichen war. Als Möhre jetzt aber die Karte in aller Ruhe betrachten konnte, fiel ihm etwas auf.

Etwas an der Karte war seltsam. Nur was? Ob es vielleicht an den vielen Tintenklecksen lag, die Chantal Nachtigall beim Schreiben der Geheimbotschaft hinterlassen hatte? Frau Pettersen, die Lehrerin der Kinder, war zwar immer nett und geduldig, doch von dieser Schmiererei wäre sogar sie nicht besonders begeistert, dachte Möhre. Doch plötzlich blinzelte er, und seine Hufe kribbelten mal wieder.

Waren das überhaupt Tintenkleckse?

Aufgeregt trippelte er näher. Er reckte die Nüstern so hoch es ging und stellte sich auf Hufspitzen, um besser lesen zu können:

Unscheinbar, wie wunderbar,
gut versteckt, dennoch entdeckt,
zwischen Riesen liegt es hold,
im Schattengrün das pure Gold.
Im Sommer wie im Winter,
niemand kam bisher dahinter.

Nein, erkannte er mit Erstaunen. Das waren überhaupt keine Tintenkleckse, sondern die Buchstaben waren bloß dicker geschrieben als die anderen. Und wenn man sie hintereinander las, ergaben sie ein Wort: SCH-L-A-M-M.

Da machte es plötzlich *klick* in Möhres Kopf – und vielleicht ist das bei dir jetzt auch gerade passiert. Denn er dachte an das Brunnenhaus, wo das X in der Schatzkarte eingezeichnet war. Und daran, dass sich ganz in der Nähe das Schlammloch befand, von dem Zicki und Zacki so begeistert waren. Weil das SUPERSCHLAMM war – und super musste er tatsächlich sein, wenn Zickis Borsten davon so seidenweich wurden.

Und während Möhre das alles gleichzeitig durch den Kopf schoss, begriff er noch etwas. Nein, gleich zwei Dinge auf einmal:

Nämlich dass er nicht nur vermutlich gerade den Schatz von Chantal Nachtigall gefunden hatte – sondern zugleich hinter das Geheimnis ihres jugendlichen Aussehens gekommen war. Wieso sonst hätte Chantal Nachtigall so ein Riesengeheimnis darum machen sollen, wenn der Schlamm nicht die wahre Ursache ihrer ewigen Jugend gewesen war?!

Das musste Möhre sofort den vier Apfeltaldetektiven erzählen. Hoffentlich waren sie nicht allzu enttäuscht, wenn sie erfuhren, dass es sich bei dem Schatz nicht um Gold, sondern bloß um Dreck handelte. Um Superdreck, wohlgemerkt. Doch wenn der Schlamm wirklich so superduper war, würden in Zukunft bestimmt viele Leute nach Bad Wilbek zur Kur kommen. Und das wiederum würde das Geschäft ankurbeln, was dem Bürgermeister mit Sicherheit sehr gelegen käme. So gesehen war der Schatz ja vielleicht doch Gold wert!

Hastig peitschte Möhre mit dem Schweif. Als die Kinder zu ihm rübersahen, stupste er mit den Nüstern die Tintenkleckse an. Selbstverständlich in der richtigen Reihenfolge, bis Wolke plötzlich «Oh» machte. Und dann begannen auch Greta, Hennes und Jasper, ziemlich aufgeregt auf ihren Stühlen hin und her zu rutschen.

«Müssen wir noch lange bleiben?», fragte Hennes. «Nicht dass Oma Astrid sich Sorgen um uns macht.»

«Ach so», sagte Tom Herriett. «Stimmt, es ist ja schon spät. Dann geht ruhig. Wenn ich noch etwas von euch brauche, weiß ich ja, wo ich euch finde.» Er nickte Hennes zu und verabschiedete sich von allen.

Draußen vor der Polizeistation fragte Möhre seine Freunde: «Könnt ihr uns zum Superschlamm bringen?»

Zicki und Zacki grunzten verdutzt. «Sag bloß, du willst jetzt auch?»

Möhre schüttelte die Mähne. Das war mit Abstand das Letzte, was er wollte. Denn auf den Wasserschlauch danach konnte er ziemlich gut verzichten. Doch darum ging es jetzt ja auch gar nicht, und rasch erzählte er, was er

eben auf dem Revier herausgefunden hatte, während die Kinder den Professor ebenso einweihten.

Bestimmt kannst du dir vorstellen, wie groß die Aufregung war, als sie nun alle zum Brunnenhäuschen gingen. Zum Glück war gerade Sommer, sodass es abends lange hell blieb. Die Abendessenszeit war längst vorbei, und daher war es gar nicht so sehr gelogen, dass Oma Astrid sich nun vermutlich wirklich schon Sorgen um sie machte.

Trotzdem wollten sie noch einmal schnell das Schlammloch ansehen. Viel zu neugierig waren sie alle!

«Tja», sagte Greta, als sie wenig später vor dem breiigen schwarzen Schlamm standen. «Sehr besonders sieht er ja nicht gerade aus.»

Hohe, mächtige Bäume umrundeten die Stelle, und Möhre begriff, dass es sich dabei um die Riesen aus dem Gedicht handeln musste.

«Und wie finden wir jetzt heraus, ob der Schlamm wirklich so besonders ist?», überlegte Jasper laut.

Greta, Wolke und Hennes grinsten. «Spring doch mal hinein», sagten sie, doch Jasper lehnte dankend ab. Auf den pechschwarzen Dreck hatte keiner so große Lust. Oder etwa doch?

Denn jetzt zog der Professor die Schuhe aus und krempelte die Hosenbeine hoch. «Vielleicht hilft der Schlamm ja meinen Beinen», sagte er. «Die tun von der vielen Lauferei nämlich mittlerweile ganz schön weh.» Und prompt steckte er ein Bein bis zum Knie in den Schlamm.

«Und?», fragten die Kinder neugierig. «Spüren Sie schon was?»

Professor Hörlein schmunzelte. «Ich glaube, so schnell geht das nicht. Ein bisschen werden wir uns schon gedulden müssen.»

Also warteten sie und warteten, bis sich das Gesicht des Professors auf einmal zu verändern begann. Ja, er strahlte geradezu!

«Na so was», murmelte er. «Mein Bein schmerzt nicht mehr.» Er zog den Fuß aus der schwarzen Pfütze und wackelte mit den Zehen. «Das ist sensationell! Dieser Schlamm ist in der Tat ein Segen!» Und schon steckte er auch den zweiten Fuß hinein, weil ihm dieser ja genauso wehtat.

Greta, Wolke, Hennes und Jasper jubelten. Jetzt hatten sie also doch den Schatz gefunden! Zumindest war es ein Schatz für die, die sich gern mit Schlamm einschmierten.

«Wieso freuen sich die Kinder so?», fragte Zacki neugierig, während sie etwas abseits standen und das Geschehen beobachteten.

«Weil dem Professor das Bein jetzt nicht mehr wehtut», erklärte Möhre. «Der Schlamm hat das gemacht.»

«Grunzoklaro», grunzte Zicki. «Habe ich doch von Anfang an gesagt. Das ist echt ein super Schlamm! Nur schade, dass wir den nicht auch zu Hause haben.»

Zacki kicherte. «Keine Sorge, wir finden dich auch ohne deine Fluffi-Flauschi-Borsten hübsch!»

«Jawuff», bellte Bruno Schokowuschel und grinste.

Nur Möhre ließ auf einmal die Ohren hängen und schnaubte leise: «Zu Hause, wie schön das klingt!»

Denn auch wenn kleine Miniponys gern einmal ein Abenteuer in der Stadt erleben, so war der Pfannkuchenhof im Apfeltal dann doch der schönste Platz für sie auf der Welt.

Pfannkuchenhof, wir kommen …
und zum Schluss gibt's eine Überraschung

Gleich am nächsten Morgen gingen die Kinder und der Professor zum Bürgermeister, um ihm vom Schatz zu erzählen.

«Wie?», fragte dieser skeptisch, als sie vor dem pechschwarzen Loch standen. «Das soll Heilschlamm sein? Aber der sieht ja aus wie Dreck!»

Der Professor nickte verständnisvoll. «Vermutlich ist deshalb auch nie jemand dahintergekommen, wie wertvoll er wirklich ist.»

«Außer Chantal Nachtigall», meinte der Bürgermeister und fügte noch skeptischer hinzu: «Falls das stimmt, was Sie mir gerade erzählt haben.»

«Doch, doch», schaltete sich Greta ein. «Das können Sie uns ruhig glauben. Zickis Borsten waren noch nie so weich wie jetzt.»

«Zicki?», wiederholte der Bürgermeister. Doch ehe Greta erklären konnte, wer Zicki war, sagte der Professor rasch: «Ich habe gestern noch ein bisschen nachgeforscht. Hinter dem Kurpark, da fängt doch die Hoppeheide an, oder?»

«Ja, schon», bestätigte der Bürgermeister. «Aber was hat das mit dem Schlammloch zu tun?»

«Sehr viel», antwortete der Professor. «Ich bin mir ziemlich sicher, dass dieser Schlamm nichts anderes als Moor ist. Und zwar aus der Hoppeheide. Ausgeschwemmt von einer der vielen unterirdischen Quellen, die es hier ja überall gibt. Das Wasser hat den Schlamm also bis hierher transportiert. Darum ist er auch so schwarz, weil es Moor ist. Und Moor, das weiß jeder, ist sehr gesund.»

Also, dass Moor so gesund sein sollte, davon hatte Möhre noch nie gehört. Na ja, außer von Zicki und Zacki vielleicht. Aber die fanden grundsätzlich jeden Dreck toll!

Der Bürgermeister hingegen schien über die Wirkung von Moor Bescheid zu wissen, denn plötzlich war sein Blick gar nicht mehr so skeptisch.

«Wenn das so ist», murmelte er und griff nach seinem Handy, «muss der Schlamm sofort untersucht werden. Sollte es sich wirklich um Heilmoor handeln, wäre das für Bad Wilbek eine Goldgrube. Dann könnten wir im Kurhotel Moorbäder anbieten, und in der Stadt wäre endlich wieder was los.» Er grinste von einem Ohr zum anderen und ging eilig davon, um ein paar wichtige Telefonate zu führen.

Seufzend blickte der Professor dem Bürgermeister hinterher. «Ich kann Chantal Nachtigall jetzt ein bisschen verstehen, wieso sie das Schlammloch damals geheim gehalten hat. So hatte sie es für sich allein. Jetzt hingegen wird man bestimmt bald viel Geld für ein Moorbad bezahlen müssen.» Verlegen zuckte er mit den Schultern. «Also muss ich das ausnutzen, solange es noch umsonst

ist.» Und schon steckte er beide Füße in den Schlamm. «Ah», machte er.

Greta, Wolke, Hennes und Jasper unterdrückten ein Grinsen. Nur Möhre lachte unter seiner Mähne. So, wie der Professor gerade sprach, klang er fast wie Zicki und Zacki. Die konnten vom Superschlamm ja auch nicht genug kriegen.

Sie beschlossen, den Professor mit seinem Schlamm allein zu lassen. Immerhin hatten sie den Fall nun erfolgreich abgeschlossen. Die Elster saß im Gefängnis, und der Schatz von Chantal Nachtigall war auch gefunden.

«Und jetzt?», fragte Jasper, als sie die Waldvilla erreichten. «Was sollen wir jetzt tun? Hier passiert doch nichts, außer wenn wir dafür sorgen.»

«Wir könnten in die Bibliothek gehen», schlug Wolke begeistert vor.

«Oder die Ponys putzen», meinte Greta. «Das schadet nie.»

Hennes und Jasper aber waren von beidem nicht sonderlich begeistert. Rasch liefen sie zu Oma Astrid, die vor der Waldvilla in der Sonne saß. Vielleicht könnte sie ihr wöchentliches Abenteuerreiten ja ausnahmsweise hier in den Kurpark verlegen?! Das Abenteuerreiten mit Oma Astrid machte immer jede Menge Spaß, und die Ponys waren schließlich alle da.

Doch Hennes und Jasper kamen nicht dazu, sie darum zu bitten. Denn Oma Astrid rief: «Wolke! Dein Papa hat vorhin angerufen. Der Keilriemen für Brummhilde ist da. Jetzt kann er den Traktor reparieren, und wir können endlich nach Hause fahren.» Sie blickte sich um, ob die Luft rein war, ehe sie leise nachschob: «Um ehrlich zu sein, habe ich die Nase von dem ganzen Kurprogramm

schon ziemlich voll. Am liebsten würde ich jetzt einfach einen Apfelkuchen backen. So, wie ich es auch sonst immer tue.»

Aha, dachte Möhre. Er schien also bei Weitem nicht der Einzige zu sein, den mittlerweile das Heimweh plagte. Sogar Greta, Wolke, Hennes und Jasper seufzten sehnsüchtig auf, als sie an Oma Astrids Apfelkuchen dachten. Es gab ja keinen besseren.

Und als Brummhilde wenig später mit der Hilfe von Wolkes Papa wieder fahrbereit war, riefen die Kinder übermütig: «Hurra! Pfannkuchenhof, wir kommen!» Eilig packten sie alle Sachen zusammen und luden sie auf den Anhänger.

Auch die Verabschiedung fiel kurz aus. Professor Hörlein war ja noch immer beim Schlammloch. Der Bürgermeister musste telefonieren, und der Menschen-Inspektor hatte ebenfalls jede Menge um die Ohren. Die Elster war schließlich ein ziemlich großer Fang.

Den vier Apfeltaldetektiven und Möhre machte das aber wenig aus. Viel größer war die Vorfreude auf ihr Zuhause.

Rasch kletterten Zicki und Zacki auf den Anhänger, Bruno Schokowuschel sprang hinterher. Nach ihm stieg Möhre hinauf, und dann kamen die restlichen Ponys dran.

Dieses Mal machte niemand Ärger beim Aufsteigen, schon gar nicht Lord Donnerheim. Dem lackschwarzen Pony schien die Sache mit der falschen Gräfin immer noch peinlich zu sein. Vielleicht plagte ihn aber auch einfach nur ebenso das Heimweh.

Die Sonne lachte vom Himmel, und der Fahrtwind wehte ihnen herrlich um Nasen, Nüstern, Schnauzen

sowie Rüssel, während Brummhilde durch die Landschaft tuckerte und sie alle langsam heimwärts brachte.

Schön war das!

Noch viel schöner aber war, als sie dann endlich den Pfannkuchenhof erreichten. Hier fühlte sich nun mal jeder wohl, dummerweise auch die Mücken.

Daher dauerte es gar nicht lange, bis die Ponys wieder in den Stall flüchteten. Zicki und Zacki verzogen sich in ihre Schlammgrube. Bruno Schokowuschel ging mit Oma Astrid ins Haus und die Kinder mit zu Jasper nach Hause. Bei der alten Mühle, in der Jaspers Familie wohnte, war

nämlich auch der Mühlenteich. Und der war an heißen Sommertagen eine herrliche Erfrischung.

So passierte es, dass Möhre plötzlich ganz alleine vor dem Pfannkuchenhof stand und keine Ahnung hatte, was er als Nächstes tun sollte. Außer mit dem Schweif zu wedeln, um die Mücken wegzuscheuchen. Aber das war auf Dauer ziemlich langweilig.

Dummerweise war nun auch die Schule geschlossen, weil Sommerferien waren. Und Sonntag war auch nicht, sonst hätte er sich wenigstens auf den Krimi freuen können, der dann abends in der Flimmerkiste lief. Das Dorf war auch wie ausgestorben, so heiß, wie die Sonne über dem ganzen Apfeltal lag.

Im Haus bei Oma Astrid wären zumindest die Mücken nicht so

lästig, überlegte
Möhre. Aber ihr
beim Apfelkuchen-
backen zuzugucken war
ungefähr so spannend, wie
Donnis angeberischen Turnier-
erzählungen zu lauschen. Beides kannte er mittlerweile in- und auswendig.

Wenn ihn an anderen Tagen die Langeweile plagte, ging er einfach zu Greta. Sie hing sonst immer auf dem Hof herum, und nicht selten striegelte sie ihm dann sein Fell, bis es glänzte. Oder sie spielten Fangen, das war immer lustig. Doch Greta war jetzt auch beim Mühlenteich, und wo Wasser war, wollte Möhre auf gar keinen Fall hin!

Andererseits konnte er ja einfach weit genug vom Teich wegbleiben, das würde vielleicht schon irgendwie gehen. Zumindest war es dort nicht so langweilig wie hier! Also lief Möhre schnell los, über die Ponykoppel bis hin zur alten Mühle.

Schon von Weitem hörte Möhre die Kinder lachen. Sie hatten sich ein Floß gebaut und ruderten damit auf dem Teich herum. Vorsichtig näherte Möhre sich dem Mühlenweiher. Das hintere Ufer war dicht mit Schilf bewachsen, sodass Möhre das Wasser gar nicht wirklich sehen konnte. Das half ein wenig, doch als er den Teich umrunden wollte, um zu den Kindern zu gelangen, blieb er plötzlich verdattert stehen.

Zwischen dem Schilf und dem Ufer, da war ein Loch im Boden. Und darin befand sich nichts anderes als schwarzer, breiiger Dreck.

«Ein Schatz», wieherte Möhre, als er begriff, was das war. «Wir haben auch Superschlamm im Apfeltal!» Eigentlich kein Wunder, überlegte er. Denn die Hoppeheide grenzte genauso nah an das Apfeltal wie an den Kurpark.

Sofort wollte er Zicki und Zacki von seinem Fund berichten und rannte los. Doch vor lauter Begeisterung hatte er übersehen, dass zwischen dem Schilf ja auch Wasser war! Im nächsten Augenblick war auch schon ein lautes PLATSCH zu hören ... und schon stand Möhre bis zu den Nüstern im Wasser!

«Hilfe!», wieherte er panisch und versuchte, das Ufer zu erreichen. Doch in dem dichten Schilf verhedderte er sich bloß mit seiner Mähne.

Greta, Wolke, Hennes und Jasper hatten den Platscher gehört und kamen nun mit dem Floß angerudert.

«Was machst du denn da?», rief Greta, die nun vom Floß ins Wasser sprang und zu ihm hinübergeschwommen kam. «Ist dir wohl auch heiß, was?» Sie spritzte ihn ein wenig an, was Möhre gar nicht lustig fand.

«Hilf mir», prustete er stattdessen. «Ich stecke fest!»

Jetzt waren auch auch Wolke, Hennes und Jasper ins Wasser gehüpft.

«Komm!», lockten sie Möhre. «Schwimm zu uns rüber. Hier ist gar kein Schilf. Und tief ist es auch nicht.»

Zuerst zögerte Möhre. Dann aber begriff er, dass es wohl die einzige Möglichkeit war, sich aus dieser verzwickten Lage zu befreien. Er nahm also seinen ganzen Minipony-Mut zusammen und – schwamm.

Und dabei stellte Möhre überrascht fest, dass das gar

nicht so übel war, dieses Wasser. Vor allem an einem heißen Sommertag wie heute nicht. Eigentlich war es sogar sehr angenehm, und plötzlich war seine komplette Angst vor dem kühlen Nass wie weggeblasen. Er strampelte zu den Kindern, die ihm lachend entgegenkamen. Sie streichelten und spielten mit ihm, was sich herrlich anfühlte. Denn nun war Möhre wieder mittendrin und die Langeweile wie weggeblasen.

«Jetzt können die Ferien beginnen», schnaubte er fröhlich, während er mit den Kindern durch das Wasser stromerte – bis erneut etwas Merkwürdiges passierte. Doch das – und das hast du bestimmt schon erraten – ist eine andere Detektivgeschichte!

Möhres Geheimcode

Pssst – streng vertraulich

Kopfnicken – Ja

Mähne schütteln – Nein

Hufe scharren – Stell mir die richtige Frage

Grummeln – Das ist die falsche Frage

Hufe stampfen – Du bist auf dem Holzweg

Brummeln – Du bist auf der richtigen Spur

Ohren wackeln – Ich höre dir zu

Nüstern stupsen – Alles wird gut

Schweifgepeitsche – Sofortige Lagebesprechung

Augenblinzeln – Ich habe etwas beobachtet

Wiehern – Achtung, Gefahr in Verzug!

Ohren anlegen – Der Täter ist nahe

Popo wackeln – Das ist eine superduper Idee!

Kulleraugen – Kann ich eine Möhre haben, biiitteee!

Michaela Holzinger schrieb schon als Kind Geschichten auf einer unsichtbaren Schreibmaschine. Später kaufte sie sich einen Laptop, seitdem sind über 40 Bücher für Kinder und Jugendliche von ihr erschienen, einige davon wurden mehrfach ausgezeichnet und in verschiedene Sprachen übersetzt. Die ausgebildete Pädagogin lebt mit ihrer Familie im Norden von Österreich, wo eine kunterbunte Esel-Ziegen-Bande sie stets zu neuen Ideen inspiriert.

Katja Schmiedeskamp illustrierte schon als Kind ihre Schulbücher, und so lag nichts näher als ein Studium in Grafikdesign an der Fachhochschule für Kunst und Design in Hannover. Dort lebt sie noch heute mit Katze und Pferd, hat an der Hochschule einen Lehrauftrag und illustriert für Kinderbuch- und Schulbuchverlage.